Karl Schumacher
Noch mehr »Uff gut pälzisch«

KARL SCHUMACHER

Noch mehr >Uff gut pälzisch<

Weitere Lautrer Geschichten

Reinhold
Gondrom
Verlag
Kaiserslautern

KAISERSLAUTERER AUSGABE

KAISERSLAUTERER AUSGABE
Band 5
Herausgeber: Gert Friderich

Wir danken der
KREISSPARKASSE KAISERSLAUTERN,
die die Herausgabe dieses Buches ermöglichte

CIP-Titelaufnahme der Deutschen Bibliothek:

Schumacher, Karl:
Noch mehr "Uff gut pälzisch": Weitere Lautrer Geschichten /
Karl Schumacher. – Kaiserslautern: Gondrom, 1988
(Kaiserslauterer Ausgabe; Bd. 5)
ISBN 3-88874-508-X
NE: GT

1988
© Reinhold Gondrom Verlag, Kaiserslautern
Postfach 2780 in 6750 Kaiserslautern

Umschlagentwurf:
Atelier Klaus Barth, Kaiserslautern

Foto: Waltraud Leppla, Kaiserslautern

Gesamtherstellung:
Georg Gehringer GmbH Graphische Kunstanstalt,
Kaiserslautern

ISBN 3-88874-508-X

Gucken emol was drinn is:

Was hat's mei Opa so gut

„Un das bild' der jo nit in,
daß meer Alte Dummköpp sin!"
(Paul Münch)

Dehäm in meiner Stubb hängt an de Wand e Bild vun meim Großvadder un meiner Großmudder als altes Ehepaar. Un wann ich mer die zwä alsemol aguck, wie glicklich se strahle, werr ich direkt neidisch, wie gut die's doch vor beinoh hunnert Johr gehatt hann. Mei Opa hat sich brauche kä Soje se mache, ob er jetzt die Winterreife erunner mache soll. Er hat nämlich noch kä Auto gehatt. Er is a noch ohne Zebrastreife iwwer die Strooß komm un vun Staus uff de Autobahn hatter a noch nix geheert. De änzich Stau war vielleicht in de Kuhgaß, wann zwä Lääderwälcher anenanner vebei wollden. Der is a noch ohne Rolltrepp iwwers Fackelrondell geloff.

Mei Oma hats awwer a gut gehatt. Die hat ehr siwweköpfische Familie noch net aus Bichse ernährt, sondern die Gelleriewe selwer gebutzt un die Krummbeere selwer geschält. Die hat a noch kä gefrorenes Gemies gekennt, es ähnzich was kalt war, des waren ehr Fieß. Wann ich gefroht hett: „Oma was issen Emanzipation?" do hettse vemutlich uffe Insel im Mittelmeer getippt.

Apropo Mittelmeer: Die zwä alte Leitcher sinn im Summer a net no Nizza in Urlaub, die sinn omends an de Vocheler spaziert un waren vielleicht glicklicher minanner wie die heit in Nizza. Pizza henn se a kä geß, do hatts owends Gequellte un Dubb-dubb gebb. Un des war so gesund, daß se noch kä Angst vorme Herzinfarkt hatte. Sie henn a noch kä Telefon gehat un nix vun Radar gewißt un de Opa hat trotzdem gewißt, wo die Wertschaft war. Wanse als an de Kerwe danze gang sinn, do hennse stolz de Walzer linkserum uffs Parkett geleht un sich net wie heit die Bandscheib verrenkt beim Beat odder Twist.

Ich komm immer widder diuff, wie gut die's doch friehr gehatt hann. Mei Opa hat als Schlosser a noch kä Abidur gebraucht, dem henn acht Klasse Volksschul noch gelangt un er is trotzdem was worr. Der hats Einmaleins besser gekennt wie heit die Informatik-Studente. Mei Opa hat sich a noch net elektrisch rasiert un hat sicher gemähnt, After-Shave wär e Hämmoridde-Salb. Was mähnener, was mei Oma geguckt hett, wannse unnerwassermassiert worr wär un im Bräunungs-Studio mit Eselsmilch veschmeert. Iwrischens hat mei Oma kenne noch ganz beruhicht mim Handdäsche durch die Stadt gehe un hat misse kä Angst hann, dasse iwwerfall werd.

Es gröschde Glick war jo, daß es noch kä Fernsehe gebb hatt. Die sinn owends noch so oigeschloof. Vun Kanäl hennse a noch nix gewißt. Wann de Opa de Kanal voll gehatt hat, es er schnell häm zu de Mamme un war vielleicht glicklicher wie heit die meischde mit 27 Kanäl.

Jedem Menschen recht getan...

„Un doch gibt's Leit – ich will's vermelde –
die dun heit iwer alles schelte!"
(Helmut Metzger)

Wann ä Sprichwort wohr is, dann dess: „Jedem Menschen recht getan, ist eine Kunst, die niemand kann." Mer braucht bloß in de Zeitung die viele Leserbriefe se studiere, do sieht mer, daß die Politiker erscht noch erfunn werre misse, die's jedem recht mache könne. Ich bin jo bekanntlich kä so arischer Freund vun de Politiker, awwer manchmol duhn se mer grad läd. Die kennen doch mache, was se wolle, es werd gemeckert.

Die Fraa Miller reecht sich uff, weil mer es nei Theater baue will. Sie mit ehrm Mann un denne siwwe Kinner hetten doch grad genunk Theater. Un es alt Fräulein Mauerblümche schellt, weil mer in ehrer Näh e Kinnergaade plant. Sie krächt jo doch kä Kinner mäh un do breicht se a kä Kinnergaade. Selbst iwwer die Universität is mer verschiedener Mähnung. De alt Amtsrat Schimmel mähnt, daß er jo bloß siwwe Klasse Volksschul gehatt hett un wär trotzdem was worr. Widder e annerer is der Asicht, daß es Warmbad unnötich wär, er deet sich jede Samschdaag dehäm in die Badbitt setze, des deet doch a lange. Beim Herr Mauler soll die Strooß jetzt bräter werre. „Die henn soviel Geld, ei meer war mei Gäßche brät genunk!" Die Fraa Altgescheit mähnt, daß es doch net notwennich wär, als noch neie Arweitsplätz se schaffe. Ehr Mann wär doch ins Paffe. Es Hallebad wär a unötich, mähnt widder die Fraa Neureich, weil se jo jed Johr no Wildbad fahre deet.

Im Neibauvertel soll e neii Kerch hie, des velangt es fromm Helenche. Im Gejesatz dezu saht die Nochbern, daß ehr des stännisch Gebämbel uffs Knerzche ging. Odder denke emol an die Kunscht! Wie gehen do die Asichte ausnanner. Die ähne mähnen, die nackisch Fraa an de Bermesenserstrooß wär Kunscht. E annerer steht devor, schittelt mim Kopp un saht: „Ei liewer nix un so ins Bett!"

Ja, so gehen halt die Mähnunge immer weit ausenanner. Drumm gewwen ehr mer recht, wann ich halt immer widder feststelle muß, daß des alt Sprichwort hunnertprozentisch stimmt: „Jedem Menschen recht getan, ist eine Kunst, die niemand kann!"

Lauterer Originale

„In känner Schtadt loßt sich's vermeide,
Originale gäbbt's seit alle Zeite."
(Eugen Damm)

Lautere is in de letschde Johre ärmer worr. Ich mähn jetzt net die städtische Finanze. Do wars schun immer net rosich bestellt. Do gewähnt mer sich allmählich dra. Nä, ich mähn, daß Lautere ärmer worr is an echte Lauterer Originale. Die ältere Generation werds wisse, was ich mähn, die junge wissens vielleicht noch vum Höresaache.

Allo Ehr Alde, erinnern Ehr Eich noch an die Lauterer Originale, zum Beispiel an de Fuddes und de Bebbes, de Schnoller, de Poscht-Andres, de Hannewackel, de Schreckebutze, de Morlauterer Hannes, de Snewa, de Schnappräel, es Schachtelmännche, de Brezel-Adam, es Julche un wie se all gehäß hann? So was gebts heit nimmi. Vielleicht leihts do dra, daß Lautere halt nimmi die klä gemietlich Stadt is, wo änner de anner gekennt hat, daß de Korre halt nimmi de Korre un die Krimm halt nimmi die Krimm is.

Was ich vun denne Lauterer Originale noch in Erinnerung hann, will ich Eich emol korz vezehle: De Fuddes und de Bebbes henn werklich gelebt. Sie waren Stäklobber imme Lauterer Stäbruch un henn immer mäh Dorscht gehatt wie Geld. Wie hat emol e Wert zu ne gesaht: „Fuddes, Du hasch noch sechs Bier vun de vorich Woch bei mehr stehe!" Antwortet de Bebbes: „Ei, sch . . ü . -tt se grad aus, die sinn doch sauer!"

Vum Schnoller wäß ich bloß noch vum Vezehle vun meim Vadder. Es war de Schnoller, weil er immer sei Daume im Mund gehatt hett. Während em erschde Kriech war er drauß in de 23er-Kasern. „Warum grüßen Sie mich nicht?" hat emol de Hauptmann zu'm gesaht. „Ei, Herr Hauptmann, ich hann gemähnt, Sie wären mehr noch bees vun geschdern." E anner mol werd er widder vun seim Kompaniechef agekrisch, weil er schun widder net gegrießt hat. Do saht doch de Schnoller druff: „Ei wer bische dann, ich kenn Dich jo garnet?" do druff hie de Kompaniechef: „Ich bin doch der Hauptmann!" Prompt die Antwort vum Schnoller: „Ei, do hall Dich nore, un un un . . . do hasche a e schä Pöschtche!"

De Poscht-Andres war a so e altes Lauterer Original. Wann die Kinner hinnerm nohgesprung sinn, hennse ne als gefoppt un nohgeruf: „Hopp Andres, mach emol e langi!" Fer fünf

Penning hat dann de Andres sei sowieso schun langi Noos mit seine zeh Finger an de Händ noch velängert.

Jetzt will ich vun ähm vezehle, an denn ich mich noch gut erinnere kann: Es „Schachtelmännche". Des war so e klä Männche mimme Mordsbart, mit wuscheliche Hoor un e Haufe Schachtele uffem Buckel. So kennen en die alte Lauterer, wie er als durch die Stadt geloff is und Schuckebennel vekaaf hat. Es schänschte is, daß er jo gar kä Lauterer war, sondern e Schwoob. Eichentlich hett mer sich des jo denke kenne, denn er hat sogar mim Wasser gespart un hat sich als am Brunne vor de Stiftskerch gewäsch.

Erscht mit 43 Johr is er als Buchdrucker no Lautere komm. Wie er dann nom erschte Kriech arweitslos worr is, hat er sich so durchs Lewe geschlah. Fer zehn Penning hat er de Leit als aus de Hand geles un ihne alle möchliche gute Ratschlä' gebb. Viel Leit saen jo heit, er wär eichentlich de erscht Wermutsbruder geweßt, weil der im Summer im Wald geschloof hat – kä wunner, do war a de Wald noch net sauer – un im Winter hat er im Keller vun de „drei Mohre" gehaust. Böses gedah hat er nimmand. Sei letschde Johre hatt er drowwe im Pfründnerhaus in de Mannemerstrooß zugebrung. Wo er begrab is, wäß heit kenner mäh, awer e Denkmal hetter genau so verdient wie de Brezel-Adam.

E annerer Lauterer Typ war de „Schreckebutze". Wie war's doch geweßt, wie er emol e paar Woche in de Fremde war un er is dann widder in Lautere am Bahnhof akomm? „Ach sind hier die Häuser aber klein", soll er gesaht hann. Un wie er dann hämgang is zu seiner Mudder, hatt er enuff geruf: „Wohnt hier vielleicht die Witwe Schreck?" Awer die war net uffs Maul gefall un hat ne agekrisch: „Waat nore, wann ich der enunner komm, schlechter Butze, ich gebb der Witwe Schreck!" Un vun dem Dag a hatter sei Name „Schreckebutze" gehatt.

Denken alsemol dra, wie schä gemietlich es frieher in Lautere war. Dodevor hemmer jetzt de „Fortschritt„. Wie hatt do änner zu mer gesaht? „Frieher war's schä, heit isses besser. Es wär besser, wann's widder schä wär!"

Er hat net ganz urecht.

Die Pfälzer ganz international

„Schnittlaach, Zellerie, Spinat –
Zwiwwele net vergesse!
Roteriewe, Koppsalat – Alles fer se esse"
(Kurt Kölsch)

Jeder Mensch hat heitzudaags sei Hobby. Ich hann e ganzer Stall voll, agefang vum Singe un Musiziere, vun de Fassenacht bis zum Wannere. Un jedes Hobby hat sei Reize. Awwer Samschdaags hann ich noch e zusätzliches Steckepferd: De Wochemarkt uffem Stiftsplatz. Ei, ich fräh mich schun die ganz Woch druff, wann mich mei Fraa mojens losschickt, fer de Sunndaag Obst und Gemies se kaafe. Als guter Ehemann bringt mer dann de Fraa noch e paar Blimmelcher mit, daß se omends besser uffgeleht is.

Warum is de Wochemarkt so intressant? Weil mer do alle mögliche Leit trefft: alde Schulkamerade, friehere Kolleche, oft sogar die Hottwolee vun Lautre, agefang vun de Stadträt, die Hohe vun de Behörde (heit gebbts jo mäh Amtmänner wie Äschemänner!), die Mänetscher vum Groß- und Klähannel, die Vetreter der Industrie vum Prokurischt bis zum Direkder. Allo, dann werd halt mit jedem e klä Schwätzche gehall. „Na, wie geht's? Was gebts Neies in Lautere?" Un bei denne Gelecheheite heert mer dann so allerhand. „Ich will jo nix gesaht hann, awwer mer redd jo bloß devunn!"

Ja, un dann bummelt mer seerscht emol gemietlich zwische de Marktständ durch, guckt, wo mer am beschde un billichde kaaft, ob die Sparchele vun Weisenheim besser sinn wie die franzeesische un de Salat vun Mudderstadt feschder is wie der aus Freensem (fer Zugereiste: gemeint is Freinsheim).

Die Zwiwwele kaaf ich vun Zäskämm (Zeiskam), die Grumbeere vun Frankedahl, der Wersching vun Maxdorf, die Kersche von Stäbach (Steinbach), die Riewe vun Langerde (Langwieden) unsoweiter. Warum ich hinner die Pälzer Ortsname noch emol ins Hochdeitsche iwwersetzt hann, hat sei Gründe. Die Hälft vun de Leit, wo uffem Markt erumlaafe, kennen jo kä pälzisch mäh. Entwedder sie sinn viel so fei devor, odder sie henns schun vegeß odder sie kommen vun auswärts, sogar vun driwwe iwerm Ozean. „Wat häv ju gebäbbelt?" saht do de Schoo aus Schifferstadt. „Wat will ju hänn, Sälät or Flauerkohl or Tomatos?" Mi annere Worte: mer Pälzer kennen uns international vestänniche. Un des alles kammer uffem Lauterer Wochemarkt hautnah erlewe!

Eh ich jetzt uff die änzelne Gemiese- un Obstsorte serickkomm, is es sicher agebrung, grad fer die Auswärtische seerscht emol se erkläre, wie des alles uff gut pälzisch häßt, also praktisch e Marktlexikon. Odder wer wäß vun de feine Leit heit schun, daß Löwenzahn bei uns Bettsäächer häßt? Noch e paar Beispiele: Petersilie häßt bei uns Peterle, zum Endiviensalat saen mer Andiftche, Feldsalat is Fileppcher, Kartoffeln sinn bei uns Grummbeere un Wirsing is ganz äfach Wersching. Karotte sinn Gelleriewe un Kohl is Kappes. (Um Mißverständnissen vorzubeugen, des is net politisch gemähnt!)

Beim Obst isses ähnlich. Do sinn Äpfel halt Ebbel, Johannisbeeren sinn Gehannsgetrauwe, Stachelbeere sinn Druhschele, Reineklauden sinn Ringlo, Zwetschgen ganz äfach Quetsche, Brombeere sinn Breemere, Heidelbeere sinn Hellbeere un zu den Pfirsiche sahn mer Persching.

Bei de Blumme hemmer a besonnere Name. So saht mer zum Ginster zum Beispiel Bremme un zu de Stiefmütterchen sa mer Poosee. Ja, es werd Zeit, daß Pälzisch endlich Weltsprache wird, daß sich die Leit in de Welt besser vestehn. Die Vorderpälzer Bauere un Hännler sprechen zwar e bißche annerscht wie mer vun de Hinnerpalz, awwer mer vestehn doch noch, wann se als rufe: „Allo ehr Leit, noch e bissel was mitgenumme bevors rechent!" Des häßt uff hochdeitsch: Also Ihr Leute, noch ein bißchen etwas mitgenommen, bevor es regnet. Do muß ich immer an änner denke, wo als vorne gestann hat als Brezelmann un zu de Leit gesaht hat: „Was is, ehr Lumbechor, fressener heit widder nix?" Ach Gott, hat sich do emol so e feini Dam uffgereecht! Awwer, ehr Pälzer Landleit, des is doch gar net so bös gemähnt odder wie mähner dann ehr? Mer nemmen halt kä Blatt vors Maul!

Vor lauter Erklärunge komm ich jo ball nimmi zu meim Bummel iwwer de Wochemarkt. Was mer do alles beobachte kann! Wie hat do änner gesaht? „Weje meer brauchen kä Grummbeere so wachse, mer essen bloß noch Pommfritt." Un glei druff de anner: „Weje meer braucht iwwerhaupt nix se wachse, mer kaafen unser Sach im Supermarkt." So e Langhooricher hat e Hännler gefroht, ob er a Tomate fer se Schmeiße hett, er breicht e paar fer die negscht Demonstration. A wichtiche Hinweise krieht mer manchmol vun de Hännler. So hennse gemähnt, Sparchele un Sellerie wären gut fer die Potenz. Dodruffhie die Antwort vumme Rentner: „Alles geloh! Ich hann sechs Kepp Sellerie geß un zwä henn bloß gewirkt!"

Was mich uffem Markt am meischde ufreecht, wann se mit ehrm Mercedes zwanzich mol um de Stiftsplatz erumkutsche, bloß weil die Gnädige e Bindelche Radiesche kaaft. Noch schlimmer sinn jo die, wo sich die Schnittlaach durch die Fleurop hämschicke losse. Odder die Hochnäsisch, wo saht: „Mach doch bitte den Kofferraum auf, ich habe noch ein halbes Pfund Brokoli gekauft, weil wir morgen Besuch bekommen. Du weißt ja, die fressen so viel." Weje ehre schlanke Linie essen jo unser Weibsleit nor noch Tomate, do wären kä Kalorie drinn. Ich sa' mer: Liewer mit Neunzich geplatzt wie mit fuffzich vehungert! Deshalb geh ich a selte beim Härting vebei, ohne so e Gaulswerschtche se vekassemadukkele.

„Allo, ehr Leit, noch e bissel Obst mitgenumme, schäne

Äbbel, frische Erdbeere. Un die Kersche, die lachen ähm doch direkt a. Ehr Leit, so kriehn ehr uffem ganze Markt kä bessere. Jetzt wo's Erdbeere gebbt, eßt mer doch kä Clementine mäh bloß weje dere Wäschpulwerreklame. Allo Frääche, do vesuchen emol selbscht, die vegehn ähm doch uff de Zung." Is des net goldisch, wammer so denne Hännler als redde heert?

Seguderletscht guck ich als noch no Blumme. E Riese-Auswahl! Fer mei Fraa nemm ich Vegißmeinicht mit, weil heit Samschdaag is. Wann ich ehr Rose mitbringe deet, deet se bestimmt froe, ob ich e schlecht Gewisse hett. Wie mers macht, macht mers halt vekehrt. Do gebbts jo fer alle mögliche Leit die entsprechende Blumme. So zum Beispiel fer die Schwiermütter „Löwemeilcher", fer die Uni „Studenteblumme" un „Maaßliebcher", fer Jungveheiratete „Jelängerjeliewer", fer de Frauenverein „Fleißiche Lies-cher", fer die Rentner „Blümcher", fer de FCK „Ballestöck". Sahn mol selwer, ob unser Wochemarkt uffem Stiftsplatz net fer jeden was bietet?

Wie de Barbarossa noch Ortsvorsteher war

„Deshalb kammers werklich glaawe,
Pälzer soi – iss Gottesgabe!"
(Eugen Damm)

Äns muß ich sae: In Lautere versteht mer se feiere! Ä Feschtche löst es annere ab. Erscht hemmer es Altstadtfescht mit Glanz und Gloria iwwer die Biehn krieht, un jetzt is schun widder was los: Die Barbarossa-Woch.

De alt Barbarossa, obwohl ich ne nimmi gekennt hann, deet sich ganz bestimmt fräe, wanner wißt, daß die Lauterer noch heit – rund 800 Johr denoh – an ne denke. Schad, daß er nimmi lebt un des alles mitkrieht hett. Er wär jetzt desjohr genau 835 Johr alt, mit annere Worte de ältscht Bürcher. Un ich bin iwwerzeucht, daß an seim Geburtsdaag bestimmt de Owerbojemäschder persönlich komm wär un kenner vun de Feierwehr schicke deet.

Also, de Barbarossa, beim Einwohnermeldeamt noch als Friedrich I. regischtriert, soll jo e feiner Mensch geweßt sei. Annerscht wie sei viele Vorgänger, die nix fer Lautere gedah hann. Beispielsweise de Pipin de Korze odder de Kallemann der Dicke. Nom Kunrad I. sinn jo dann fünf sächsische Herrscher an die Macht komm, wie heit in de DDR. Die Lauterer waren heilfroh, wie se die Druelischmacher drauß gehatt hann un es Land vun fränkische, schwäbische und salische Herrscher rechiert worr is. Ei dann liewer noch e Schwoob wie e Sachs, henn die Leit schun sellemols gemäht.

Um uff de Barbarossa noch emol sericksekomme. Der hat doch eichentlich Lautere erscht beriehmt gemacht. Er hat ne in Null komma nix e schäni Burch hiegebaut. Die war sellemols schneller fertich wie heit die Plän vom Pfalztheater. Heit stehen jo vun dere Burch bloß noch e paar Stä vorm Rathaus. Ich bin iwwerzeucht devun, daß selbscht, wann die Burch noch ganz stehe deet, deeten se weje Verbreiterung vun de Strooß des Ding abreiße. Als Erinnerung käm beschdenfalls a Schild hie „Hier stand einst die Burg Barbarossas, Ehrenbürger von Kaiserslautern".

De Casimir-Saal steht jo noch zur Erinnerung an unser Vergangenheit. Dort werren a heit noch vun de Stadt die ganze Freunde und Kupferstecher empfang. Ach, muß des sellemols, wie de Barbarossa noch Ortsvorsteher vun Lautere war, e herrliche Zeit geweßt sei! Kaum e Auto uff de Strooß un kä Fliecher in de Luft, de Wald noch grie, die Wisse noch saftich, die Weiher un die Lauter noch sauwer bis uff de Borm, un vun de Ami hat noch kä Deiwel was gewißt, weil se de Columbus noch gar net entdeckt gehatt hat. Ja, des waren noch Zeite!

In dere Barbarossa-Woch werd nadierlich alles uffgebott vun unsere Lautringer Geschäftsleit. Do sinn Preise, do hett selbst de Barbarossa mim Kopp geschittelt! Odder mähne ner vielleicht, der hett sellemols fer drei Mark e T-Shirt krieht oder fer zeh Mark e paar Schlabbe?

Un erscht die Lauterer Gaschtronomie! Ä Wertschaft newer de anner, un es kommen immer neie dezu. In Lautere kammer werklich Wirtschaftskunde studiere, besser wie in jeder annere Stadt. Un was während de Barbarossa-Woch alles gebott werd! Do schlackersche bloß so mit de Ohre.

In jeder Wertschaft solls e eichenes Barbarossa-Menu gewwe. Des sieht so aus: Zuerscht gebts e Kraftmeiersupp. Dann als Hauptgericht geschwellte Ochsenbrust nach Bullenart, geschmorte Ente á la Rheinpfalz, e bundi Stadtrats-Gemüseplatt mit Rotkraut un Schwarzworzele gemischt un Grienes veziert. Die Stadtverwaltung stellt dann noch die Antischode zur Verfügung. Als Nachdisch gebts e Käsblatt (net se vewechsele mit de Bild-Zeitung!) und Puffreis Arabella.

Allo, lossens Eich jetzt net zwämol sae. Gehen in de Barbarossa-Woch in die Stadt! Ehr deeten was vesäume, wanner net kämen!

Barbarossawoche

*„Heit hockt de Rotbart immer noch
do unne in seim Kellerloch."
(Paul Münch)*

Kinner, wie die Zeit vergeht! Schun widder e Barbarossawoch. Kaum hemmers Altstadtfest uffem Buckel, gebbt's widder was Neies: die Barbarossawoch. Iwwrischens zum zehte mol werd des in Lautere gefeiert. Soviel ich wääß, hat's 1977 agefang. Mäh so als Versuch. Werd's hiehaue odder

17

net, hat mer sich sellemols gefroht. Die Geschäftsleit waren wie immer se erscht e bißche skeptisch, ob se net fer die Katz viel Geld investiere misse. Inzwische is des iwwerhaupt kä Fraach mäh, ob mer e Barbarossawoch abhalle soll odder net. Drum auf geht's, druff un dewedder!

Noseweisisch, wie ich halt bin, betracht ich mer jedes Johr des Geschehe in de Stadt immer ganz genau. Mer muß jo schließlich wisse, was in Lautere gespielt werd. Apropo gespielt. Des is es ähnzische, wo mich am meischde steert: Die Haufe Spielsalons odder wie die Neppdinger sich all nenne. Ei, es werd jo immer schlimmer! Wieviel ehrliche Einzelhändler misse uffgewwe, weil se jo äfach die Miet nimmi bezahle kenne. E traurich Kapittel. Un wer zieht dann in die leere Läde ei? Nadierlich immer neie Spielhölle. Die misse Geld hann wie Hei.

Awwer es hat jo kä Wert, sich driwwer uffsereeche. Redde mer besser vun de Barbarossawoch un de viele astännische Geschäftsleit. Uffreeche muß mer sich grad genunk, wammer mim Auto in die Stadt fahre muß: Mei Freund aus Katzwiller kann e Lied devun singe. Er hat Bech gehatt. Gestern hat er sei Auto verkaaf un heit hat er doch werklich e Parkplatz gefunn: Ich hann jo de Bolidesse e Schnippche geschlah: Ich du als, wann ich in de Stadt park, äfach de Scheiwewicher abmondiere, do kennen se de Strofzeddel nimmi drunner stecke. Die Stadt hat jo iwrischens jetzt e großes Preisausschreiwe ausgeschribb: Wann änner noch ää Strooß sae kann, wo net gesperrt odder uffgeriß is, krieht er e Autogramm vum Owerbojemäschder un vum Bauderzernent mit den besten Wünschen beim Parkplatzsuchen.

Was mich in Lautere noch uffreecht, sinn jo die arme Deiwel, wo newe an de Fußgängerzone hocken un bitten um e milde Gabe. Do hann ich enner devun gefroht, ob em dann nirgendwo Awet agebott worr wär. „Doch", saht er, „awwer sunscht waren die Leit immer freundlich zu meer."

Mit meiner Fraa hann ich nadierlich a emol e Eikaufsbummel durch die Stadt gemacht. Do trah ich immer e Trauerflor um mei Geldbeitel. Vor me Belzgeschäft simmer stehe geblibb. Mei Fraa beguckt die Belze und saht: „Liebster, bitte den odder kenner!" „Is recht", hann ich gesaht, „dann kenner!" Dann mähnt se, ob se ehr Röck un Klääder net widder länger trae soll. Ich mähn dodruff hie: „Vun meer aus vier Johr länger!" Mit de Mode wär's jo schrecklich alleweil, mähnt se a. Sie hett nix mäh aseziehe. „Was soll ich nor mache?" „Ganz äfach", war mei Antwort, „hüll dich in Schweiche."

Mei Fraa is jo noch Gold gejeniwwer denne junge Määd. So e Bopp sucht sich doch in some Second-hand-shop – saht mehr glaabisch jetzt dezu – e paar Klamotte eraus un froht dann denne Verkäufer, ob se die Sache a umdausche kennt, wann's ehre Eltere gefalle deet. Heit hennse jo allminanner uff ehre Pullis so Name druffstehe, meischt amerikanisch: New dreams, Budding-School, I love you, Safer Sex, University of Dixiland un so annerer Bleedsinn. Ehr Leit, wammer do kä englisch kann, is mer iwwel dra! Ä Mädche hann ich gefroht, was des Sternzeiche uff ehrm Pulli bedeite deet. Saht se: „Ei Jungfrau – awwer der Pulli is schun ziemlich alt!" Ja, so is des heit. Friehr sinn die junge Määd schun rot worr, wann se e Ausziehdisch gesieh hann.

Du kriesch jo heit alles in de Lauterer Geschäfte, net bloß in de Barbarossawoch. Es macht ähm jo direkt Spaß, wammer die Schaufenster betracht. Do gebbts zum Beispiel jetzt a wasserdichte Armbanduhre, wo die Männer beim Gescherrspiele alosse kenne. „Hennse schun e neier Gescherrspieler?" hat do imme Kaufhaus de Chef e Fraa gefroht. „Nä, nä", saht se do, „ich hann immer noch mei erster Mann!"

Ja, ja, Budicke gebbts jo jetzt in Lautere a wie Sand am Meer. Ich wääß net, wann meer dehäm als e Budick hann, machen mer kä Reklame. Awwer es ist heit halt alles annerscht wie frieher. Was die alles erfinne: Bier ohne Alkohol, Kaffee ohne Koffein, Margarine ohne Fett – bloß e Geldschisser, wo mer so nötich breicht, hennse noch net erfunn. Die Wertschafte kennten jo noch mäh Umsatz mache, wannse als die Biergläser richtich vollschenke deeten.

Bei dere Barbarossawoch kammer a viel Optimischde beobachte. Des sinn die Männer, wo de Motor vum Auto laafe losse, während ehr Fraa e „Klännichkeit" eikaaft.

Praktisch sinn jo die viele Rolltreppe am Fackelrundell un in de Kaufhaiser. Wann de do dei Kaugummi veleersch, kannsche waate, bis er widder kummt.

Allo, jetzt lossen Eich net uffhalle, gehen dabberche zu de Barbarossawoch, es rendiert sich.

1000 Jahre Marktrecht

„Dess schtell sich ää Mensch bloß mol vor –
's Marktrecht hammer dausend Johr!"
(Eugen Damm)

Ehr Leit, war des e Truwel in de Fruchthall! Net nor, weil de Ministerpräsident do war, denn ä Vochel macht jo bekanntlich noch kä Frihling. Nä, an die dausend Johr Lauterer Marktrecht hat mer wolle erinnere, dementsprechend war die alt Fruchthall geschmückt. Des waren emol Nächel mit Kepp!

De Grund war also des, daß im Johr 985, also vor genau dausend Johr, Lautere des Recht krieht hat, e Markt absehalle. Des war noch net so äfach wie heit, wo jeder sei Ständche uffschlae kann, wann un wo er will. Do hat misse de damalich Könich, de Otto der Dritte, sei Senf dezugewwe. Ob ers glaawe odder net, der Kerl war sellemols grad fünf Johr alt un sicher noch im Kinnergaade. Do hatten sei Mamme, die Theophano – net se vewechsle mim Theo Vondano – gesaht: „Buhche, mei Liewer, ei gucke mol do, was die Mamme fer dich hat!

Kritzel emol uff des Stick Babier was druff odder mol e Männche hie. In dausend Johr kanns sowieso außerm Friedel vum Stadtarchiv känner mäh lese." Es Ottoche war e brav Kind un hat nadierlich gemach, wie sei Mamme Theophano gewollt hat. Un des is zum Beispiel schun de Unnerschied zwische der Theophano un dem Theo Vondano. Heit machen se net all des, was der als will. Un der unnerschreibt a net alles, wassem als hieleje.

Des gebts heit a nimmi, daß so e klänner Quaschdersack vun fünf Johr e ganz Volk rechiere derf. Wann de heit was werre wilsch, musche schun e alder Mann sei. Ich brauch bloß an de Präsident vun Amerika mit seine 75 Johr se denke un die ganz Zeit hasche misse in Rußland a e bißche datterich sei, bis se was worr bisch. Bei uns in Deitschland is des jo gottseidank besser, vum Adenauer abgesieh. Ich bin jo der Asicht, daß unser Politiker ruhich a mit sechzich es Handduch schmeiße kennten, zumal doch sunsch behaupt werd, ab 58 wär mer fer nix mäh se gebrauche. Scheinbar is die Awet in de Politik net so astrengend wie in de Fawrik.

Sinnvoll finn ich's jo, daß de Könich sellemols Otto gehäß hat. Do hat sich net viel veännert. Bei de Politiker gebbt's a heit noch viel, wo Ottoche sinn.

Die Supermärkte

„Atom un Super un Rekorde,
ja des sin heit die Modeworte."
(Helmut Metzger)

Ehr wissen's sicher noch: Do neilich hann ich iwwer die dausend Johr „Lauterer Marktrechte" geschribb, also e ganz historische Agelegenheit. Schä, daß mer mit Recht widder e Grund gefunn hat, ebbes gebührend se feiere. Ich finn, mer hat viel zu wennich Aläß fer se feiere ausgenitzt. Ich wißt widder e neier Alaß, wo mer vielleicht im Johr 2000 feiere kennt: 25 Jahre Supermarkt-Recht! Ei, wo mer hieguckt, an alle Ecke is ball e Supermarkt. An manche Ecke sogar drei uff ämol.

Ich komm beim beschde Wille nimmi erum, alle Sonderagebote se kaafe, ich mißt mer e schnelleres Auto zuleje, daß ich's schaff. Supermarkt häßt jetzt des Schlagwort. Bloß mähn ich halt, daß es nimmi lang dauert, bis die sich jetzt selwer gejeseitig kabuttmache. Dann wann ich mer iwwerleh, daß ich mich net mä wie sattesse kann, geht doch die Rechnung vun denne net uff. Ich wäß, die sinn heit mühelos in de Lag, täglich fer Lautere beispielsweise hunnertdausend Läbscher Brot un fuffzich Tonne Fläschworscht se liwwere. Awwer sicher gehts doch de Leit genau wie meer. Wann ich ä Läbche Brot un drei Ringel Fläschworscht geß hann, bin ich satt, selbscht wann noch fuffzich neie Supermärkt es Brot un die Fläschworscht im Sonderagebot abiete. Iwerhaupt soll mer mit dem Wort „Super" doch e bißche sparsamer umgehe. Es gebt heitzudaags iwerhaupt nix mä Normales, alles muß Super sei: Es Super-Agebot, die super-automatisch Wäschmaschin, de Super-Fernseher, de Super-Video-Film, die Super-Schlankheits-Kur, es Super-Reise-Agebot unsoweiter.

Do kerzlich hat mer änner e Super-Auto adrehe wolle. „Kennen se sich des Super-Auto iwerhaupt vorstelle", saht de Vekäufer zu meer. „Ia", hann ich gesaht, „des is e Auto, wo so laaft, wie Sie spreche."

Die Lauterer Steinstraße

„Ja, wer Erinnerunge hot,
bleibt nie im Lewe leer un blott!"
(Helmut Metzger)

Wann Strooße vezehle kennten, dann wär's in Lautere beschtimmt die Stäästrooß, wo mer Bicher driwwer schreiwe kennt. Was waren des sicher fer winkeliche Ecke, wie de Napoleon mit seim Gaul durchgeritt is. Un a in unserm Johrhunnert war's noch net viel besser: Die Haiser baufällich, un dann die klänne Newegäßcher, die Kolwegaß, es Barfießergäßche, die Kuhgaß un wie se all gehäß han. Mer sprecht zwar heit viel vun de „Altstadt", awwer vun de werklich Altstadt is nimmi viel iwwrich geblibb.

Gottseidank, kammer sae, denn jetzt is die Stäästrooß es Schmuckstick vun Lautere. Grad die letscht Woch hat se widder im Mittelpunkt vum Interesse gestann, bei der feierliche Eiweihung vum Kaiserbrunne. Ich glaab, so ebbes hat die Stäästrooß noch net erlebt. Dausende waren uff de Bää, um des mitseerlewe. Kä Zweifel: die Lauterer sinn stolz uff des Kunschdwerk vun unserm Lauterer Gernot Rumpf.

Ja, die Stäästrooß hat sich richtig gemausert in de letschde Johre. Wann ich dra denk, wie's in de fuffzicher Johre dort noch ausgesieh hat! Ä Bums newerm anner. Un an de meischde e Schild an de Deer „Off Limits". Ja, die Stäästrooß war sellemols sozusa' die Reeperbahn vun Lautere. Do sinn als die Määd langsam geloff, daß se schneller vorwärts kumme. Un die Ami henn schä se due gehatt in ehrm Jagdrevier. Vier Mark zwanzich war jo do de Dollar noch wert. Do hennses brumme geloß. Un wan e Ami so e Mädche gefroht hat: „What's your name?" henn die geantwort: „Ei, zwanzich Mark!" Ja, des waren noch Preise! Ehrlich gesaht, e normaler Lauterer Bürcher hat sich jo sellemols gar nimmi getraut, durch die verufe Strooß se gehe. Die „sündige Meile" is die Stäästrooß vun denne Revolwerbläädcher tituliert worr.

Un was is jetzt aus de damalich Reeperbahn vun Lautere worr? Ei, heit is es de reinscht Kurfürstedamm, wo mer uns mit Stolz uff die Bruscht klobbe kenne. Die alde, scheene Baute sinn widder zu Ehre kumm: es alde Rathaus, es Marhöfers Sälche, de Wadgasserhof, es Zinkmuseum un die viele scheene Privathaiser. Un was se nei dezwische uffgebaut henn, kann sich a sieje losse.

Die Stäästrooß is a e Muschderbeispiel fer es deitsche Wirtschaftswunner: Ä Wertschaft newer de anner! Allerdings wennicher deitsches Wirtschaftswunner, mä Weltwirtschaftswunner, denn meischdens sinn die Wert Idaliener, Grieche, Mexikaner, Chinese, Jugoslawe, Franzose un wääß de Deiwel was noch. Wo mer noch Lewwerknepp mit Sauerkraut krieht, muß mer sich schunn umgucke. Awwer was solls? Mer sinn e internationale Stadt, do muß mer sich a als Lauterer dra gewehne, wanns a manchmol schwer fallt.

Japanische Partnerschaft

*„Wann d' emol verräse wit
nemm jo keen große Bindel mit,
steh uf am friehe Morge
un loß dehäm dei Sorge."*
(Bellemer Heiner)

Wissen Ehr eichentlich, wo Bunkyo-Ku leit? Des is doch
die nei japanisch Partnerstadt vun Lautre. Ich hann de OB
gefroht, wie mer do hiekäm. Sahter: „Immer Richtung
Oschde, bis Hochspeyer geht's, vun dort awwer zieht sich's."
Ja, unser Lauterer Prominenz war dort. Sie henn also prak-
tisch die Vortour gemacht fer uns gewöhnliche Bürcher.
Bunkyo-Ku is e Stadtdeel vun Tokio, also so ähnlich wie bei
uns Mölschbach, bloß greeßer. Die Herre vun de Stadt sind
gefloh, alle Parteie waren dabei. Nor die Griene net, die
wollten mim Fahrrad fahre, awwer hinnerm Frankestäner
Stich hennses uffgeb.

Des wär e Empfang geweßt in Japan! Uffeme Schild hett
ganz groß gestann „Helzlich willkommen!" Wissener, weil
doch die Japaner kä R spreche kenne. Do war also außer em
Vondano noch de Schelmel, de Holnung, de Webel un de
Bletz mit vun de Patie. Denne ehr OB häßt Masonori Endo,
de Chef vum Stadtrat Hikoji Takizawa un de Präsident vom
Freundeskreis Makoto Hosaka. Merken Eich die Name,
wannse Eich emol in de Stadt begehne. Des sinn annere
Name wie bei uns, wo se all entweder Müller oder Schneider
häße.

Am schwerschde iss unsere jo des Esse mit de Stäbcher
gefall. Die wollden sogar die Reissupp mit de Stäbcher esse.
Do hennse sich awwer schä verschlabbert. Bei denne viele
Eiladunge hennse misse uffem Borm hocke odder knieje.
Beim knieje waren jo die vun de CDU im Vordeel. Die sinns
gewehnt: Schad, daß ich des net erlebt hann, wie de Stadtrat
in die Knie geht. Beim Abschied, so steht in de Zeitung,

hetten die Japaner misse kreine. Kä Wunner, wann ich als e Stadtrat sieh, komme mer a die Träne. Vum Tenno sinn se jo net empfang worr. Sicher hat sei Fraa grad großi Wäsch gehatt. Sunsch hennse sich alles emol ageguckt, ob mer was ähnliches a in Lautere mache kennt. Eener war ganz scharf uff e Bauplatz.

Besonnerscht beeidruckt waren se vum Fudschijama. Wann de dort Eier in de Sand leje deetsch, wären se in finf Minudde hart. Sie henn sich vorsichtshalwer emol net hiegesetzt. Un warme Bäder wären dort a in dere Geschend. Sie henn misse all nackisch bade un henn nix agehatt, wie e Gutsje im Mund. Vun Tokio waren se all begeischdert. Do wär e Verkehr! Noch mä wie alleweil in Lautere am Feierowend. Bloß soviel Strooße wäre dort net uffgeriß.

Nadierlich wollden die a emol Tokio bei Nacht erlewe. Des kann ich mer vorstelle, daß se do die Bobbe danze geloß hann. Die Geishas wären jo ganz begeistert geweßt vun denne schäne Männer aus de Palz. Kä Wunner, mer henn jo a die Allerschänschde hiegeschickt! Wammer so die kläne Japaner betracht, do sinn jo unsere Prachtkerl degeje. Ei ich glaab, die japanische Määd henn unser Männer ball verobbt.

Uffem Flugplatz hat dann de OB sei Abschiedsredd gehall un unner Träne gesaht: „Mer missen leider widder häm no Lautere, denn unser Geld is pinke-pinke – futschi futschi!" Schad, daß ich net debei war.

Cirkus

„Do war en Zirkus mol bei uns mit allerhand for Viecher:
Löwe, Bäre, Elefante, Kamele, Aff un Tieger."
(Bellemer Heiner)

Vor e paar Woche war in Lautere e Cirkus. Vun auswärts nadierlich. Allo, ehr Leit, ich kann jo net begreife, daß mer immer e Cirkus vun auswärts hole muß, wo mer doch in Lautere grad Cirkus genunk hann. Des glaawen Ehr net? Ich wills Eich beweise:

Fange mer mol in de Fußgängerzon a. Henner noch net die viele Kunstradfahrer bewunnert, wo de ganze Daag in de Fackel- und Marktstrooß freihändig erumschwirre, immer grad so zwä Zentimeter an de Leit vorbei! Es wunnert mich, daß dodebei die Leit net noch klatsche, wann se die Kunststickelcher siejen.

Hundedressurakte sinn a jede Daag uffem Programm. Des sinn kä gewehnliche Hund, die stehen als Vierbeiner sogar meischt uff drei Bää und planzen iwerall ehr Kaktusse hie.

Die gröscht Dressur is drowwe uffem Finanzamt. Do geht mer als Kraftathlet einei und kommt dann als ganz klä Wermche widder eraus. Außerdem findet dort täglich e Raubtierschau statt, do werd em es Geld aus em Sack geluxt. Un alles ohne Gitter. Hinner Gitter sinn in Lautere bloß die Messerwerfer drowwe am Morlauterer Weg.

Die Hauptattraktione finden jo im gröschte Cirkus, im Rathaus, statt. Iwrischens, de änzisch Cirkus, wo net rund is. Ich war schun bei verschiedene Vorstellunge debei. Allo, was es do net alle gebbt! Die ä Grupp machts Ballett. Die misse awer noch iewe, weil immer änner aus de Reih danzt. Dann gebbts a Zauberer, die machen aus rer Mick e Elefant. Selbstverständlich treten a Elefante uff, meischt wie imme Porzellanlade. A Sääldänzer gebbts, die schaffen ohne Netz, misse awer immer uffbasse, daß se net absterze odder besser gesaht, abgesterzt werre. Es treten a Kraftprotze uff, obwohl se nor Leichtgewicht sinn. Außerdem hängen viele Akteure in de Luft. Die Cirkuskapell hockt jo im Ratssaal, ganz owwe, sozusae iwwer de Manege. Die Harmonie is schlecht, weil jeder von denne die erscht Gei spiele will, nor ab un zu haut änner uff die Pauke, mancher geht jetzt a ball fleete un zum Schluß duhn se sich gejeseitig de Marsch bloose.

Glaawen Ehr jetzt endlich, daß mer in Lautere kä Cirkus

vun auswärts hole muß?

Awwer ich gebbs jo zu. Ich han dehäm a e Privatcirkus. Mei Fraa is de Cirkusdirektor, mei Enkelche de Star, mei Buwe de ä e Schwerathlet un de anner e Hungerkünschtler, mei Schwiejerdochter die Glanznummer un ich bin nach wie vor de dumme Auguscht!

Radfahrer

„Schun immer tönt des Volkes Mund:
,Fahrradfahre iss gesund!'
Wer fleißich ,schtrampelt', ewich übt,
so Leit, die sinn beim Chef beliebt!"
(Eugen Damm)

Wie hääßts so schää? „Kaiserslautern, die Stadt der Schulen, des Waldes, des Fußballs und der Nähmaschinen". Des stimmt alles! Awwer ääns hat mer vegeß: „Die Stadt der Radfahrer". Ei, mer henn jo ball mäh Radfahrweeche wie Strooße! Ich hann zwar noch niemand uffem Fahrrad uff denne nei agelehte, rote Weeche gesieh, awwer was solls. Die Hauptsach is, mer hat se.

Inzwische halt ich des a fer vekehrt, die Radfahrtweeche rot se markiere, do wär doch grien viel ehrlicher. Die Albrecht-Strooß wollen se jo jetzt umdaafe in „Didi-Thurau-Straße". Un die nei Lauterer National-Hymne soll werre „Ja, mer sinn mim Radl do!" Die Griene sinn jo a geje Damefahrräder, des wär e Diskriminierung. Die Dame wollten jetzt a e Stang dezwische.

Radfahrer gebbts jo schun vun jeher. Uff de Ämter, in de Betriebe, in de Schule un net seletscht in de Bolidik. Interessant is jo, daß die Radfahrer schneller vorwärts kumme wie de schnellschte Porsche. Als Auszeichnung fer Radfahrer gebbts jo die „Goldene Pedale". Ich kenn do e paar, wo's vedient hetten.

In Bonn wollen se jo jetzt a mäh uffs Fahrrad umsteie. Net bloß weje de Reinhaltung vun de dortiche stinkische Luft. Nä, die Bolidiker henn doch viel gemeinsam mim Fahrrad. Gucken emol, was zum Beispiel de Kohl un de Strauß fer e schää Tandemgespann gewwen. De Kohl vorne an de Lenkstang un de Strauß hinne fescht uffem Sattel fers Tempo se bestimme. Un uffem Gepäckträger hockt dann noch de Blüm, der awwer bloß ab und zu mol klingele derf. De Stolteberg will jo e Fahrrad mit Sicherheitsbrems, wanns bergenunner so schnell ging. De Rau hat sich a e Fahrrad ageschafft, mit Rücktritt. Un die SPD hat jetzt eichene Kurse eigericht, wo se es Uff- und Absteiche besser lerne. Die Griene henn misse seerscht uff de TÜV. Mer hat nämlich feschtgestellt, daß se ohne Profil fahre deeten.

Kerzlich hat doch so e Radfahrer in de Stadt e alder Mann umgefahr. Saht der: „Kennen se net klingele?" Die Antwort: „Doch, klingele kann ich, bloß net radfahre!"

Pfaff-Jubiläum

„Un wie ich heer, gebt's Leit in's Paffe,
wo fuffzig Johr schun dun dort schaffe."
(Paul Münch)

Heit is e großer Daa' fer Lautere: Es Paffe feiern ehr 125jährisches Jubiläum. 125 Johr, des is e aarisch langi Zeit, deshalb kummt a vun denne Gründer vun 1862 bestimmt känner mäh zu dere Jubiläumsfeier. A fer Lautere bedeit des Paff-Jubiläum viel, denn was wär schun Lautere ohne es Paffe un was wär es Paffe ohne Lautere. An alle Eigäng vun de Stadt stehts jo groß geschribb: „Willkommen in der Stadt der Pfaff-Nähmaschinen!"

De alt Schorsch Michel Paff war jo ursprünglich Instrumentemacher un hat Trumbete un annere Blechinstrumente zammegebaut. Amme schäne Daa' is er uff die prima Idee kumm, daß mer vielleicht mit Nähmaschine mäh verdiene kennt. Un er hat recht behall, denn in denne lange Johre henns Paffe schun Millione Nähmaschine vekaaft. Stellen Eich emol vor, es Paffe hetten genau soviel Trumbete gemach, ei do deets jo heit in jedem Haus bloose.

Wissen Ehr iwwrischens, daß es frieher in Lautere glei drei Nähmaschinefabrike gebb hat? Des war es Kayser's, es Könige un es Paffe. Dodrauß kammer doch schließe, daß es bei de Nähmaschine genau so is wie in de Politik: De Paff hat de Kayser un de König iwwerlebt.

Es Paffe henn jo a schunn viel fer Lautere gedah. Net bloß, daß dausende vun Leit drauß ehr Geld verdient hann, nä, denken a emol an die viele Stiftunge: Die Paff-Stiftung, es Paffbad, die Paff-Siedlunge un neierdings, wie ich die letscht Woch geles hann, die „Georg Michael Pfaff-Gedächtniskirche". Ich wääß zwar net, wo die Kerch stehe soll, awwer ich hann devor Verständnis, denn was is schun e Paff ohne e Kerch. Ja, der Name Paff is schun e Begriff, net nor in Lautere, sondern in de ganz Welt. Die Hottetotte nähen genau so gern uff denne Nähmaschine aus Lautere wie die Chinese, Indianer odder Russe. Falsch is jo die Mähnung vun manche Leit, es Paffe wären de gröschde Lieferant fer die Marine, weil se jede Daa' e paar dausend Schiffcher mache deeten.

Un desjohr werd ins Paffe gefeiert, daß die Wänd wackele. Sogar de Bundeskanzler kommt persönlich. Er kann jo gut pälzisch un werd sicher es selwe sae wie vor verzich Johr sellemols de Paul Münch:

> „Die viele treie Jubilare,
> wo heit versammelt sinn in Schare,
> zum Deel in ehrlich groe Hoor,
> wo kenner unner fuffzeh Johr
> mit Fleiß an seiner Arwet steht
> e jede Daag vun frieh bis spät.

Un was e Mann in soviel Johr
geschafft hat, stellt kä Mensch sich vor.
Wann all die War un all die Sach,
was der geschafft hat un gemach
die viele lange Johre her
noch allegar beisamme wär,
des gäb e Berg so hoch un breet,
wie kenner in de Alwe steht!"

In dem Sinn: Alles Gute fer's Paffe fer die negschde 125 Johr!

Pensionärstreffen

„Die Arwet ehrt se allminanner,
den eene grad so wie den anner."
(Paul Münch)

Ich war zum erschde mol als Pensionischt uffeme Pensionärstreffe bei meiner alde Firma. Ja, bei so me Treffe kammer feschtstelle, daß mer a allmählich alt werd. „Mer spierts an de Gelenke, mer sinn älder als mer denke." Des hann net bloß ich gedenkt, sondern a mei ehemaliche Kolleeche. Oh, mer warenn e Haufe Leit! Sogar e paar waren debei, die iwwer 90 Johr ald sinn. Die henn sich fer ehr Alder gut gehall. Hoffentlich werren mer a so ald wie mer aussiehn. Mei Nochber am Disch hat zu mer gesaht, er wollt a emol 90 Johr alt werre. Er raacht net, er trinkt net un geht nimmi zu de Määd. Ei do möcht ich grad wisse, warum der 90 Johr alt werre will.

Nadierlich is a viel offiziell geredd worr bei dere Feier. De Chef hat gesaht, daß es alleweil ganz gut ging, mer breichten kä Angscht se hann weje unsere Betriebsrente. Soviel hettense immer noch in de Kass. Es gebbt jo genunk Firme, wo's gar kä Pension gebt . . . solang is nämlich noch nimmand ge-

31

blibb. Es soll sogar Firme gewwe, die deeten ehre alde Mitarbeiter beim Ausscheide e Buch schenke: „Hunde, wollt Ihr ewig leben?". Ich wääß sogar e Fall, wo e Mann an seim Jubiläum zum Chef gesaht hat, daß er heit 40 Johr in de Firma wär. Die Antwort vum Chef: „Was henn Sie Glick gehatt, net jedi Firma besteht so lang!" In dere Firma hennse a jede Daag gesung: „Fern der Heimat, fern der Lieben – kein lieber Gruß, kein trautes Wort." Des is awwer gottseidank bei meiner alde Firma net so. Do fräen sich die Herre, wann se ehr alde Kamerade no Johre mol widder siejen. Zum minischde machen se so, als ob se sich fräe deeten.

Awwer schä isses halt doch, wammer so beisamme sitzt un vun friehr vezeehle kann. „Wääsche noch, wie . . ." gehts dann an ähmem Stick. Bauklötz staune muß mer jo a, wammer no Johre widder emol durch de Betrieb gefiehrt werd. Ä Compjuder newerm annere! Ei, ball mä Compjuder wie Leit. Wer wäß, wie's noch kommt? Im Johr Zwädausend sinn vielleicht gar kä Leit mä im Betrieb, nor noch Compjuder. Do missen dann die Arweiter nor noch alle Freidaag beim Portje es Geld abhole, daß se wenigstens e bißche Bewechung hann. Un de Chef gebbt dann jedem die Hand un danktem fer treue Mitarbeit.

Übers Wetter

> *„Des nasse, kalde Hundewetter*
> *is nix for unsern alte Petter."*
> *(Helmut Metzger)*

Henner Eier Oschderkaate an die buckelich Vewandtschaft fortgeschickt? Ich hann mei Oschdergrieß all in de Äscheäämer geworf, weil bei uns in Deitschland die Äscheäämer öfters geleert werren wie die Briefkaschde vun de Poscht. Ich hann all meine Bekannte schäne Feierdaage gewünscht un endlich e Wetterche, daß mer sich emol widder uff e Bank setze kann un die Fieß ausstrecke. Die letschde Woche war jo es Wetter zum Heile: saukalt un batschnaß. Ei, ich hann bloß noch gefitterte Briefumschläch fortgeschickt, daß die Briefträger net frieren.

Uff die Wettervorhersage du ich mich jetzt velosse, weil ich spitz krieht hann, wie des geht. Also, wann die Sunneschei melde, gebbts Räh, un wann se Schnee melde, werds bestimmt warm. Die Leit vum Wettermacherinstitut verdienen jo ageblich net schlecht, awwer sie hetten noch mäh Geld, wann se sich ehr Lehrgeld erausbezahle losse deeten. Do kerzlich hennse folgenden Wetterbericht im Radio durchgebb: „Von Norden nach Süden sich rasch ausbreitende Aufklärung, die in Bayern jedoch sofort verboten wurde."

Es schlimmschde bei dem Wetter is jo, daß die Fraue jo nimmi wissen, was se aziehe sollen. Es gebbt Fraue, die henn zwä Schränk voll nix aseziehe. „Wieviel Grad hemmer dann heit Nacht gehatt", froht mich kerzlich mei Fraa. „Ei zwä Grad unner Null", hann ich gesaht. Mähnt se: „Och, des is doch net der Redd wert!" „Nä", hann ich dodruff gesaht, „ich hett jo a nix gesaht driwwer, wann de mich net gefroht hescht!"

Die Bauere sinn jo am meischde vum Wetter abhängisch. So kammer sich am meischde uff die alde Bauererechele velosse, etwa „Kräht der Gockel uffem Mischt, ännert sich's Wetter odder es bleibt, wie's iss!" Odder e anneri Rechel: „Gewitter im Mai, iss de April vebei!"

Allo, de lang Redd korzer Sinn: Hoffentlich werd's richtich warm iwwer die Feierdaage, daß em Oschderhas net die Britsch zufreert, sondern daß er Glick hat bei seim Eisatz als „Schneller Brüter".

Wie hat selli Fraa zu ehrm Mann gesaht: „Ach, guck emol Liebling zum Fenschder enaus, wie herrlich bloo de Himmel is!" Do hat der Mann gemähnt: „Jo, der hat jo a nimmand, wo sem vebiet!"

Osterhasen

„Oschderglocke, Schlisselblume
stehn schun in de Blumewaas.
Alle Kinner dohns vezehle.
Morje kommt de Oschderhas.
(Friedel Römer)

Oschdere! Mei änzicher Oschderwunsch wär, daß es schänes Friehlingswetter gäb, daß mer wenigstens enaus ins Griene kennt fer die Oschdereier se suche un net in de Stubb mit babierne Oschdereierneschder in de Ecke. Die ganz Woch hat's jo gekiwwelt. Un no de Wettervorhersag wärs trocke. Do sieht mer emol, daß mer net alles glaawe soll, was in de Zeitung steht.

Um uff Oschdere sericksekomme: Ä Dierche steht in denne Daache jo im Middelpunkt vun allem: De Oschderhas! Was dem arme Dierche heitzudaags alles zugemutet werd! Frieher hatter wenigstens bloß Eier leje misse, heit muß er sei Hinnere uffreiße fer Fußball, Tennisschlächer un ganze Fahrräder. Der Fortschritt hat sich a beim Oschderhas bemerkbar gemacht. Un streike derfen die Oschderhase nom neie Paragraf 116 a nimmi, sunscht werren die Eier nimmi abgestempelt.

Iwwer Hase loßt sich jo viel sae. Außer Oschderhase gebt's a noch genunk annere Hase, zum Beispiel Angsthase. Des sinn die, wo Schiß vor de eijene Kuraasch hann. Äns muß mer jo losse: Bei unsere Politiker gebbt's jo kä Angsthase, weil die jo vor nix Hemmunge han. Allerdings is es möglich, daß bei manche no de negschte Wahl vielleicht de Has iwwer de Höh is. Un wann de was vun denne wisse willscht, sahn die ganz äfach: „Mein Name is Hase, ich weiß von nichts!" So besteht also ein Zusammenhang zwische Hase un Politiker.

In Lautere hemmer iwwer Hase schun allerhand Erfahrung sammele kenne. Im Stadtrat is emol vor Johre e Has erumgehupst un e annerer, einst recht großspuricher Hase, hat rechtzeitich die Ohre gestellt un is stillschweigend abgehau, nodem er die Leit faule Eier ins Nescht geleht hat.

Am beliebteste sinn jo die Betthase. Jeder fräht sich jo, wanner so e Häsche emol im Nescht hett. Nor mei Fraa hat was degeje, wann ich mer so e Häsche halle will. Sie mähnt, ich hett jo kä Fudder fer mei Has. Jetzt mach der emol klar, daß so e flotter Has anregend wirkt. Un grad an Oschdere, wo's Friehling werd.

So sinn halt die Ansichte iwwer die verschiedene Hasesorte grundverschiede. Un ich bin emol gespannt, was an Oschdere uffem Middagsdisch steht: hoffentlich kä falscher Has!

Die Kinnerscheeßparade

„Ich bin en Pälzer!" kreischt der Stebbes,
„Drum will ich glei ze trinke ebbes!"
(Helmut Metzger)

Jetzt, wo die Sunn erauskummt un de Friehling eigekehrt is, macht mer's Spaß, so am Waldschlößche odder im Stadtpark die Kinnerscheeßparade absenemme. Es war a Zeit, daß die kläne Kinner endlich an die Luft komme, sunscht mähnen se jo, bei uns wär immer schlecht Wedder. Do leien se in ehre Scheeßcher un strahle vor lauter Frääd. Mer muß sich jo direkt wunnere, daß se do noch kä Strahleschutzexperte eigesetzt hann. Ä Glick, daß die Klänne dodevun noch nix wisse, sunscht hetten se Grund genunk, de ganze Daag se heile.

Schä is jo, wammer als die eingehende Zwiegespräche mit denne Klänne heert: „Ei, wo isser dann? Dududu. Ei lach doch e bißche, schlechter Galjestrick!" „Zeich Du de Tante mol dei Beißercher!" De Klä fangt dann a se kreische, wie er die dick Tante mit dere große Brill sieht. „Ei, was hatter dann? Will Du kä Hackelcher?" De Klä blerrt weiter. Un die Tante stellt dann fescht, daß er genau wie de Alte is. Immer Dorscht

35

un wanner nix krieht, blerre wie e Leeb.

Newedra uff de Bank hat e jungi Mudder mit ehrm Klä gehockt. E wildfremdi Frau kommt vebei un de Klä hupst im Scheeßche erum. Dann geht's widder los: „Ach, Sie henn awwer e klänes sießes Kerlche. De Mudder wie ausem Gesicht geschnitt. Dickedickedick, wo hat dann des Kind sei Näsche? Un was e goldisch Boboche. Wem geheert dann des klä Bobbesche?" „Kanner eichentlich schun spreche, des klä Wermche? Sa du mol ‚Frankedahl'!" „Dadada" saht dann de Klä. „Ach wie deitlich", mähnt dodruffhie die Madamm. „Allo dann, uff Widdersehn, Fraa … wie is doch glei ehr werter Name? Noch viel Spaß mim Klä. Lossen sen net so lang in de Sunn stehe, sunscht kriehter Summersprosse."

Mei Beobachtunge gehn weiter. E Nochbern hat heit des Kindche spaziere gefahr, weil die Mamme beim Frisör is. Sie hats schwer, de Klä se beruhiche. Trotz Pämpers hat er scheinbar e bißche warm geleh. „Des sinn alles so neimodische Bosse, mer henn uns frieher in de Winnele genau so wohl gefiehlt un omends mit Yuma-Salb de Bobo eigeribb krieht, daß mer net wund worr sinn. Gell, so isses, Schätzche? Alles heit Ferz mit Kricke. Awwer uff uns Alde heeren se jo nimmi." De Klä nickt mim Kopp un denkt vielleicht, daß se recht hat.

Jetzt sahn mol selbscht, ob des net schä is, di Kinnerscheeß-parade zu beobachte? Schänner wie die schenscht Familieserie im Fernsehe.

36

Maikäfer

*„Jeder kennt jo bschdimmt die Mai-
Keffer un ihr Grawwlerei.
Uff de Bääm un uff de Blädder
find ma se bei jedem Wedder."*

(Walter Sauer)

Ganz iwwerrascht war ich jo, wie ich geles hann, daß es in manche Länder e Iwwerschwemmung vun Maikäwwer, e richtichi Plaach, gebb hett. Mol ehrlich, bei uns in de Palz hann ich nix devunn gemerkt. Ei, noch net ä änzicher Maikäwwer hann ich in de ganze letschde Johre entdecke kenne. Ich muß sae: zu meim Leidwese. Ei unser Kinner un Enkelcher wissen jo gar nimmi, wie e Maikäwwer aussieht. Die mähne, die wären all aus Schoklad un die kennt mer dann in de Geschäfte kaafe. Nor mer Alde wissen noch, wie schä's als war, wie mer mit de Zigarrekischte erum sinn un mojens in de Frieh die Maikäwwer vun de Bääm geschittelt hann. In de Schul hemmer se dann als vekaaf, fer drei Penning es Stick.

Un jetzt sollen die Maikäwwer in gewisse Länner widder e Plaach sei? Bei uns in die Palz kammer des bal net glaawe. Awwer scheinbar is des Thema Maikäwwer politisch a Ländersache, genau wie des war mit dere Atomverseuchung. Die Atomwolke henn vor de Ländergrenze halt gemacht un genau so is des scheinbar a mit denne Maikäwwer. Unser Politiker sinn jo wahrhaftich net se beneide. Jetzt henn se kaum des Renteproblem im Griff, die Krankehauskoschde im Visier un mit de Atomenergie im Zweifel, un do kommen jetzt a noch die Sorje mit de Zukunft vun unsere Maikäwwer dezu. In de Fraktione is mer jo scheints äänich. Weje dere braune Farb sinn jo die alde Nazis devor, de SPD wären die Marienkäwwercher weje de Farb sympathischer un die CDU will die Maikäwwer-Vertrauensfrage stelle, weil die so am Kohl nage deete. Die FDP will die Maikäwwer schitze, weil se grundsätzlich Minderheite schone wollden. Ja, ja, des gebbt noch e schweri Debatte im Bundesdaag.

De Wörner is fer die Maikäwwer, weil se gepanzert wären. De Nachteil wär nor, daß se so Langsamstarter sinn. De Bangemann sieht im Maikäwwer aus Schokolad e gudi Schtitz fers Konditorhandwerk un die Griene wollen e neii Bürger-Initiative grinde zur Erhaltung der Maikäwwer. De Forschungsminister will die Maikäwwer aus staatliche Forschungsmittel fördere un die Bildungsministerin will a aus Bildungsmittel was due, damit die Kinner noch wenigstens wisse, wie e Maikäwwer aussieht.

Ehr siehn selbscht, was do fer Probleme noch vor uns stehn. Bloß mähn ich halt, bis des im Bundesdaag durch is, isses Winter un do is selbscht de Maikäwwer kä Problem mäh.

Vatertag

„Mer Pälzer sin e luschdig Chor
un duschur voller Bosse,
wer unser Art nit äschtimiert,
der soll's nor bleiwe losse."
(Lina Sommer)

Es werd emol Zeit, daß mer de Vädder gedenkt, die am Himmelfahrtsdaag ehr Ehredaag hann. Ich hann wie jedes Johr e schäner Vadderdaagsausflug in die herrliche Nadur gemach. Schun frieh mojens is es losgang. Mer hat sich kenne so richtig frei fiehle, wammer so ganz unner sich is. Un außerdem is es doch so: Wammer oft auswärts geht, spart mer doch dehäm es Geld. Awwer do höörche leider vun deiner Fraa kä Dankeswörtche. Un wann de noch so spät hämkommsch. Do häßts bloß: „Ich hann widder kenne kä Au zumache." Bleedsinn, als wann meer hetten kenne e Au zumache.

Es werd hegschde Zeit, daß mer im Bundesdaag mol dra geht, e Gesetz zu veabschiede, daß die Männer a gleichberechtigt werre. Des werd dann einschneidende Veännerunge mit sich bringe. Bloß als Beispiel: Do missen die Fraue dann helfe beim Gescherrspiele. Bisher wars doch so, daß die meischde Männer sich vorkumm sinn wie schlechte Reporter. Sie henn nämlich nix se melle gehat. Gewiß, es gebt a Männer, die net verheirat sinn, awwer trotzdem mache, was mer ihne saht.

Ja, mer Männer henns net leicht im Lewe: Wammer uff die Welt komme, werd de Mudder grateliert, wammer heirate, werd um die Braut erumgeschwänzelt, wammer Vadder werd, krieht die Fraa die Blumme, un wammer sterwe, vejubelt die Fraa unser Rente.

Um uff de Vadderdaagsausflug sericksekomme, hann ich fesgestellt, daß mer Männer e großi Ähnlichkeit henn mit unserer Erd: Dauernd uff Achse un trotzdem kuchelrund. Die meischde vun unserm Clübche henn sich als sehr tierlieb entpuppt: Die henn nor dufte Biene un flotte Käwwer im Kopp gehatt. Mer hat a kenne feststelle, daß manche Männer ehr guter Ruf nor de Verschwiegenheit vun de Fraue zu verdanke hann. Bei unserer Herrepartie war a e alder Kriegskamerad vun meer debei: Mer henn am selwe Daag geheirat. Festgestellt worr is a, daß Ehemänner net lännger lewe wie Junggeselle, es deet ihne nor länger vorkomme. Die meischde vun unserer Herrepartie sinn jo musikalisch un spiele e Instrument: Am Vadderdaag haun se uff die Pauke, un dehäm spiele se die zwett Gei.

Awwer wann des nei Gesetz iwwer die Gleichberechtigung der Männer im Bundesdaag durch is, gehn die Fraue die Aue uff. Do kenne mer unnerm Disch erauskrawwele.

Auslandsurlaub

„Ob klääner odder großer Mann
jeder muß heit Urlaub hann."
(Eugen Damm)

Ähns muß mer jo losse: Die Fortschritte im Reise henn in de letschde Johre gewaltich zugenumm. Wer frieher in de Schwarzwald odder an de Rhei gefahr is, muß heit minischdens e Mittelmeer-Kreuzfahrt mache. Noch mäh „in" is e Safari durch Kenia (fer de Affe die Schwänz grad se klobbe) odder e Kamelritt durch die Sahara. Wammer dann vielleicht e Kaat hämschreiwe kann vun de Besteigung des Kilimandscharo, des wirkt in de Nochberschaft. Schä is jo a so e Besichtigung vumme Basar in Tunesie odder Marokko. Soviel Micke uffem Fläsch kannsche bei uns net sieje. Stierkämpf in Spanie henn jo heitzudaags nimmi denne Reiz. Dodefor gebts bei uns jo die Bundesliga. Schwierig is bei denne Reise immer die Veständichung mit de Einheimische. Do kommt mer am beschde in China zurecht. Do kammer sei Pälzisch abringe. Ladenschluß häßt dort „Han Schun zu". Odder wammer mojens wach werd, saht es Zimmermädche: „Scho, die Schunn schein schun schä."

Ja, ja, die ganz Welt steht uns heit halt offe. Un wer vun uns kä Auslandsurlaub macht, gelt als asozial.

Die Hauptuffmarschgebiete vun uns Deitsche sinn heit Sri Lanka, Mallorca, Tenneriffa, die Kanarischen Insle, Elba. Die ganze Südsee-Inseln sinn lückelos vun uns besetzt. Mei Nochbern wollt noch no Esperanto, weil se dort noch net geweßt wär. Un do saht noch ähner, mer hetten de Kriech velor!

Noch günsticher sinn jo die Kurzreise: in drei Daag an die Riviera, in zwä Daag e Alwe-Rundfahrt, in ähm Daag e Butterfahrt noch Dänemark, einschließlich Bummel iwwer die Reewerbahn (allerdings nicht im Preis eingeschlossen).

Die Urlaubswerbung is jo ganz groß. „Sie sparen 300 Mark,

wenn Sie mit uns nach Hololulu fahren." Daß mer awwer 3000 Mark spart, wammer mim Hinnere dehäm bleibt, saht känner. Wie hat die Fraa zu ehrm Mann gesaht? „Ach Schatz, sollten wir nicht wieder nach Ibiza reisen?" „Nä", saht er druff, „denk an unser Schulde!" „Aber das können wir doch auch in Ibiza!", mähnt se ganz schnuckelich.

Erholung vom Rentnerstreß

Deshalb frään sich alle Leit:
O, du schääni Urlaubszeit!"
(Eugen Damm)

„Es is nejends schenner wie uff de Welt." Des hann ich kenne in de letschde Woche feststelle, wie ich mich emol vun meim Rentnerstreß erholt hann. Wissener, ich hann noch alter Urlaub segut gehatt un denne hann ich misse bis zum 1. Juli nemme, sunscht wär er vefall. Mei Arweitgeber, mei Fraa, kennt do kä Pardon. Ich soll mich gefällichst an unser interner Tarifvetrag halle. Was hann ich halt wolle mache? Ich bin also verzeh Daag fortgefahr, daß mer mol was Anneres sieht. Vorher hann ich mich bei verschiedene Reisebüros orientiert un hammer iwweral Prospekte gewwe geloß, wie un wo mer am billischde ewwegkommt. Die Renteerhöhung hann ich glei eikalkuliert, des hat dann immerhie fer e Middagesse gelangt.

Schließlich bin ich dann mit meiner Madamm losgeschnerrt in Richtung Siede. Vorher hann ich mer de Wetterbericht ageheert, wie er gesaht hat: „Bevor wir den Wetterbericht von morgen bringen, möchten wir den heutigen berichtigen und uns für den gestrigen entschuldigen." Mit de Fahrerei hats gut geklappt. Iwwer drei Grenze bin ich driwwer. Des is jo gottseidank kä Problem mäh. Wann ich do an friehr denk, wie die Zöllner als gesaht hann: „Es gibt viel zu tun, packen Sie aus!" A uff de Autobahne is es gut geloff, nodem de

Vekehrsminister e lasterfreies Wochenend vesproch hat. Mei Ziel war dismol Siedtirol. Ach was e herrliche Gegend! Un e Wetterche kann ich Eich sae, annerscht wie bei Eich.

Un wie mer sich do unne vorkommt? Wie e Millionär! So hann ich noch net mit de Dausender erumgeschmiß wie in dem italienisch „besetzte" Siedtirol. Wie ich es erschte mol unser Middagesse bezahlt hann un de Ober saht: „Zwanzichdausend!" Do hann ich misse grad sae: „Ei ich will jo net Eier Wertschaft kaafe, sondern bloß es Middagesse bezahle!" Awwer freundlich sinn jo do unne die Bedienunge. Net wie mers emol bei uns bassiert is. Do hann ich nämlich zu me Ober gesaht, ich hett e Supp bestellt un kä Ommlett. Mähnt er: „Erscht stunnelang erumsitze un dann noch meckere!"

Wie gesaht, es war prima! Un de Wei so billich! Billicher wie in de Vorderpalz! Ich hann bloß Rotwei getrunk, daß mers net so merkt bei rer Blutprob. Mer sinn a viel gewannert in de Berche. Wie mer amme Wasserfall stehen, stöhnt mei Fraa: „Hasche eichentlich dehäm a de Wasserkrane abgedreht?" Un e Echo is in denne Berche! Wann de do rufsch „Eins, zwei, drei" Do schallts zurück: Gsuffa! Nachts hat mich mei Fraa emol um halwer zwä geweckt un gepischbert: „Horch emol, wie de Föhn rauscht!" Do hann ich awwer Wut krieht un gesaht: „Quatsch net so, wer werd dann um die Zeit sei Hoor trickele!"

Äns hann ich in denne verzeh Daag festgestellt: Was deet dann de Fremdevekehr mache, wanns kä Rentner geeb? Ei ich glaab, do wären sämtliche Reisebüros, Busunternehmer und Wertschafte bankrott! Awwer ehr Junge: Gennens uns doch, mer henn jo a fuffzich Johr fer Eich geschafft!

42

Schulanfang

„So wie jed Plänzche der Nadur
zum wachse Licht mißt hunn,
So sehter, wär fer Kinner nur
die Lieb die richtig Sunn."
(Richard Müller)

Vor e paar Daag ist die Schul widder agang. E wichtiger Daag fer unser Kinner! Äfach goldisch, wie die i-Dibbelcher mit ehre Schultutte in ehr neie Umgewung eigezoh sinn. Meischdens war jo die Mamme mitgang, weil se jo a wisse wollt, wie ehr Liebling sich astellt, wann ne de Herr Lehrer was froht. Uff mei Froog, wie ehrs gefalle hett in de Schul, saht doch so e klääni Gaadekrott: „Aarisch gut, awwer e halwer Daag is halt futsch!" Odder so e anner i-Dibbelche uff mei Froog, ob heit a alles gut gang wär, ehr Antwort: „Leider nä, ich muß moje nochemol hie." Odder gar e anner Mädche, wie ich gefroht hann, wie em sei neier Lehrer gefallt. Do kam prompt die Antwort: „Mei Lehrer is äfach bombisch, wann nore der Altersunnerschied net wär." Ja, ja, uff so Antworte muß mer sich heit gefaßt mache.

Heitzudaags brauchen jo unser Kinner kä Angscht mä se han vor de Schulzeit wie meer frieher. Heit gebbt's jo kä Batschhändcher mäh. Auwauwau, henn meer se als gefaßt! Ä Schullehrer hann ich gehat, der hat mit uns als de „Globus" gemacht. Do hemmer uns als misse uff die Bank leje un dann hat der die „Länge- un Breitegrade" uff unserm Hinnere uffgetrah. Das war jo a net ganz richtisch, obwohl mers manchmol a verdient han. Heit is es jo umgekehrt: Do muß de Schullehrer uffbasse, daß er se net faßt. Siehner, un des is a net ganz richtich. Daß mer immer von ehm Extrem ins annere falle misse. Wann finne mer endlich de goldene Middelweg?

De Unnericht is a e bißje annerscht worr wie sellemols. Es Einmalein hemmer misse hinner sich un vor sich lerne. Heit brauchen die jo kä Einmaleins se lerne, die henn e

Dascherechner debei. Aus em Kopp kennen die nimmi sae, was zwä mol zwä is. Die deeten vielleicht nor sae: „Des is ungefähr fünf." Des sinn dann die, die später Informatik studiere. Die brauchen nämlich nor noch uffs Kneppche se dricke, dann hennse es Ergebnis, vorausgesetzt, sie henn es richtich Kneppche vewischt.

Zugebb, viel lerne misse se heit schun in de Schul. Un wann se dann noch später studiere, werds, bis se fertig sinn, Zeit, daß se ehr Rente eireiche.

Wandervorschläge

„So gehts frei un driwwer, drunner
in dere Auswahl ruff un runner
grad wie mers braucht an jedem Ort
so wählt mer grad es passend Wort."
(Eugen Damm)

Jetzt is widder die große Zeit der Völkerwanderunge komm. Jede Daag kammer vun Volkswanderunge un Radrundfahrte lese. E schöni Sach, daß mer a emol sei Heimat per Fuß odder mim Tretrad kenne lernt. Mim Auto saust mer sowieso bloß durch die Gechend un guckt net no links un no rechts, weil mer jo uff die Strooß un uff die viele Vekehrsschilder uffbasse muß.

Ich hammer do halt a emol mei Gedanke gemacht, wie mer do jedem Verein und Clübche un alle Parteie recht mache kennt. Deshalb hann ich e paar Wandervorschlä ausgearbeit'. Ob se so durchgeführt werren, kann ich nadierlich net vespreche, ich hoff awwer, daß se als Anrechunge diene.

Des sinn mei Vorschläch: Fange mer mit de Vereine a: De Alweverein soll no Merzalwe, Stääalwe un Rodalwe laafe, de Obstbauverein uff die Madeburch, de Karnevalverein no Lache. De Veband der emanziperte Fraue uff de Drachefels und vun do aus no Altrip. De Bauereveband iwwer de Stall in die Schweinsdell odder de Saupferch. De Vochelschutzverein an die Amseldell iwwer de Drosselfels un Falkestä no Eilebis. Die Innunge kennten ruhich a mitmache, zum Beischbiel die Bäcker no Heferswiller, die Frisör uff de Stoppelkopp, die Imker uff die Hornesselwiss un die Metzger durchs Flääschackerloch ins Hammelsdaal.

Die zwä Tarifpartner kennten sich bei rer Volkswanderung schnell äänich werre. Treffpunkt in Morlautere am Schlachteturm iwwer de Rummel zur Jammerhalde, vun do no Schwääßwiller un am Schluß treffe se sich am Deiwelsdisch.

Nadierlich wollen die Parteie a mitmache. Mei Vorschläch: Die CDU laaft iwwers Heilicheberchtunnel un de Kohlkopp no Schwarzsohl. De SPD deet ich vorschlae durch die Rothohl uff die Rotsteich se laafe, um dort ehr Brand se lösche. Fer die FDP wär's am beschde, iwwer de Krebser se marschiere, immer em gääl Strich no durchs Falldaal an die Sonnenwende. Bei de Grüne isses äfach: Die gehn am beschde vum Quack aus iwwer de Hungerbrunne in die Elendsklamm.

Die Parteie in Lautere henn jo jetzt gottseidank e Färnisabkomme geschloß. Deshalb henn se im Hinblick uff die Volkswanderunge beschloß, net no Haßloch se laafe, sondern no Heuchelheim.

Ehr kenne mich jo, daß ich nie gehässisch bin. Ob ehrs jetzt glaawe odder net, die ganze Name sinn kä Erfindung vun mer, sondern die gebts werklich in unsrer goldisch Palz.

Volkswanderung

„Drum Mensch, wann Du voll Sorge bischt,
voll Kummer un voll Lascht,
nor raus, aus deiner enge Stubb,
halt drauß im Wald dei Rascht."

(Bellemer Heiner)

Ehr erinnere Eich bestimmt noch an mei Wandervorschläch, wo ich gemach hann. Also net se glaawe, was do fer Resonanz war! Wie agekünnicht hann ich jetzt emol selwer so e Volkswanderung mitgemach, daß mer a mitredde kann. Ein Erlebnis! E Vegnieche ist des zwar net, weil mehr sei letschde Reserve hergewwe muß, um Siecher se werre. Glei henn widder e paar Mauler beanstand', weil ich e roti Krawatt agehatthett. Des stimmt gar net, des war mei Zung! Schun am Start is de Ärjer losgang. De OB hat de Startschuß gebb – des muß merm losse, er ist iweral debei – ich nadierlich glei los wie Blücher. Hatter mich doch serickgeschoß, es wär e Fehlstart geweßt. Uff die Zehntel Sekund wär's doch wahrhaftich a net akomm.

E dicker Hund is jo, daß ich hann misse siwwe-Mark-Fuffzich Startgeld bezahle. Bei Drei-Mark-Zwanzich hemmer schun die Fieß weh gedah. Unnerwegs hann ich doch mit de Stadtbas, wo vor mer hergeloff is, Trabbel krieht. Ich denk an nix Böses un sa': „Guck emol, do vorne is doch die Alt Schmelz!" Dreht se sich erum un saht: „Horchen se emol, fer Sie bin ich immer noch die Fraa Flickinger!" Un wie ich dann noch sa', ob se widder uff die Althütt geht, mähnt se, daß mich ehr Haische iwerhaupt nix aging. Uffem Humberch war jo e herrliche Aussicht. Wann de no Süde geguckt hasch, Mensch, sinn dort noch Bauplätz! Die sollen doch kä Sprich mache, es gäb kä.

30 Kilomeder is der Marsch gang. Am liebschde hett ich bei Kilomeder 26,7 uffgebb. Ich hann vielleicht Bloose an de Fieß gehatt! Do hann ich awwer gedenkt, uff die 69 Penning, wo ich noch se laafe hann, kommts jetzt a nimmi druff a.

Sicher, wann ich vielleicht widder serickgeloff wär, hett ich evtl. 6.81 Mark serickkrieht. Awwer die letschde zwä Kilomeder henn sich schun grad genunk gezoh.

Siecher is jo e Mädche aus Buseberg mit Bruschtbreite vor cincr Dame aus Münche-Gladbach worr. Wann de Bauch zähle deet, hett ich erschter gemach! Uff jede Fall, mei Medallje war hart vedient.

Die Stadträt henn bei de Wanderung net mitgemach, sondern henn die Radrundfahrt vorgezo, weil se im Radfahre mäh Erfahrung hetten. Do käm's druff a, wer am beschde in die Pedale trete kennt. E paar Politiker waren a Tandem gefahr. Des Radfahre war jo net vun de Stadt, sondern vum Landkreis organisiert. Deshalb waren die Teilnehmer am Schluß a sicher so tarrterich.

Ich kann Eich bloß empfehle, viel se laafe odder radsefahre. Mim Radfahre kommt mer allerdings weiter, do hann ich Berufserfahrung.

Das Sommerloch

„Jed Johr do kommt es immer noch,
des gottverfluchte Summerloch."
(K. Sch.)

Ehr henn sicher schun gemerkt, daß zur Zeit iwweral die sogenannte „Saure-Gummere-Zeit" is. Ob des bei de Zeidung, odder beim Fernsehe odder gar in de klääne odder große Boledik is. Mer nennt des in Fachkreise a jetzt neierdings „Sommerloch". Kä Wunner, die Hauptakteure sinn alleweil jo all in Urlaub: Die Chefredaktöre bei de Zeidunge, die Hauptkommentatore beim Funk- und Fernsehe, die Bosse und Stadträt bei de Stadt un schließlich hat sogar de Bundesdaach in Bonn fer e paar Woche dicht gemacht. Dort sinn bloß so e paar Druelichmacher dehämgeblibb. Die braucht mer, fer es Summerloch aussefille.

Ä Glick, daß jetzt die Leserbriefe in de Zeidung uffgewert werren, do kammer jetzt seim Herz so richtig Luft mache. E Appell an die Leser hat jo kerzlich a gesaht, daß mer jetzt alles los werre kennt, was ähm bedrickt. Am negschde Daach sinn dann a bei de Redaktion siwwe Schwiermüdder un e besoffener Ehemann abgebb worr. Was mich bei de Zeidung jo immer widder wunnert, is, daß immer genau soviel bassiert, wie eneibaßt.

Beim Fernsehe is es a net annerscht mit dem Summerloch. Do gebbts jetzt soviel alde Filme se sieje, daß die Rundfunkanstalte jetzt kä Lizenzgebiehre mäh bezahle missen, högschdens noch Finnerlohn. Un wer die „Lindenstrooß" gesieh hat, is sowieso reif fer die „Schwarzwaldklinik". Ich versteh jo a net, warum sich es Fernsehe immer fer Störunge entschuldicht, awwer nie fers eichentliche Programm!

Beim Summerloch derf nadierlich die Boledik a net hinnedra stehe. Unser Lauterer Lokalmatadore versuchen jetzt a laufend in de Zeidung em anner äns aussewische. Do is jedes Thema recht, Hauptsach is, de andere is in Urlaub und kann kä Antwort gewwe. Fei is des zwar net, awwer es kummt bei manche Leit a.

Ach du liewer Himmel, wann ich erscht an die groß Boledik denk: Was do im Summerloch alles los is! Wann die Katz aus em Haus is, danzen die Mais uffem Disch erum, so saht mer als. Un do is was dra. Denn grad in de groß Boledik gebbts große Summerlöcher, awwer a annere Löcher. Do is es Bäreloch un es Binger Loch Dreck degeje. Do werd so mancher Strauß ganz unverblümt ausgefochte.

Gottseidank, es dauert jo nimmi lang, daß widder alles im alde Trott weitergeht. Schließlich hääßts so schä: „Alles hat einmal ein Ende, nur die Wurst hat zwei!" A es Summerloch hat sicher emol e End – hoffentlich!

Die Grippe

„Schluckt Pulver un Pille un Droppe, jawohl,
un wann se nit krank is, dann is ihr nit wohl!"
(Lina Sommer)

„Und dräut der Winter noch so sehr mit trotzigen Gebär-
den, und streut er Eis und Schnee umher, es muß doch Früh-
ling werden!" Des hat vor iwwer hunnert Johr es Geibels
Emanuel gesaht. Ei, schänner hetters doch kenne net aus-
dricke. Un dem sei Worte sinn momentan mei änzicher Trost
bei dere kalte Witterung. Geht's Eich a so? Mer stinkt all-
mählich der kalt Winter. Ei, am liebste ging ich nimmie vor
die Deer, wann ähm so die Eiszabbe an de Noos erunner-
henke.

Ich hann's jo in de letschde Dage schlau gemach un hann
mich ganz äfach emol ins Bett geleht, net mit de Angina
(des loßt mei Fraa net zu), sondern mit rer schäne Gripp.
Es änzische Thermometer, wo bei uns dehäm noch in die
Höh is, war's Fiewerthermometer. Es is jo ganz schä, wam-
mer emol e paar Daag ausruhe kann, awwer frieher, wie ich
noch geschafft hann, het ich doch vor Friehlingsafang net mei
Gripp genumm! Mei Freund kann jetzt sei Gripp a net
nemme, vielleicht im ganze Johr nimmi, der is nämlich
selbstännisch.

Die Dokder kennen jo bei dere Kranket a net viel helfe.
Wie ich mei Dokder gefroht hann, was er macht, wanner de
Huschde und de Schnubbe hat, mähnt er, des wär verschiede,
ämol deet er huschde un e anner mol deet er niese. So ganz
machtlos sinn jo heitzutags die Dokder nimmi beim Schnub-
be. Do bleibt immer noch die Amputation vum Kopp. Es is
jo bekannt, daß e Kranket immer die schwächste Teile vom
menschliche Körper agreift. Deshalb klagen so viel iwwer
Koppweh.

Man hat jo schun lang vorhergesaht, daß es e langer Winter
gebt. Awwer ganz so schlimm han ich mers net vorgestellt,

die Hälft hemmer doch schun im Summer gehat.

Ja, die Gripp hat's in sich. Die ähne leiden drunner, wann se die Gripp hann, die annere stoßen sich gesund, wann se an de Kripp sinn. Schun mancher Politiker is e reicher Mann worr, seit er an de Kripp sitzt. Was doch so ä Buchstabe ausmacht, mer soll's net männe.

Mei Dokder hat mer jedenfalls geschdern gude Besserung gewünscht. Do sieht mer mol, wie die Kerl heucheln! Der langen Rede kurzer Sinn: Ich jedenfalls bin froh, wann der dabbische Winter erum is un die Gripp nimmi im Azug. Denn kommt im März die Frühlingszeit, ist's länger hell für Schwarzarbeit!

Pilzschwemme

Reizker – Schtääpilz – Parasole
kammer bloß zur Herbschzeit hole.
Doch de „Fußpilz", dess iss wohr –
gedeiht un schprießt 's ganze Johr!
(Eugen Damm)

Waren Ehr in de letscht Zeit emol im Wald schbaziere? Do henner was vesäumt! Mensch, was gebts desjohr Pilze. Änner steht newerm anner! Alle Sorte. E richtichi Pilzschwemm is des jo. Awwer wammer so Pilze sammelt, soll mer sich schun e bißche auskenne, sunscht kammer bös agehe. Ich kenn an un für sich nor de Fliechepilz ganz genau, vun dem des schäne Lied stammt „Ein Männlein steht im Walde". Des is iwrischens es änziche Loblied iwwer uns Männer.

Die Angst beim Pilzesuche is jo net agebrung. Mer kann nämlich grundsätzlich alle Pilze esse, allerdings manche nor ämol. Awwer des merkt mer jo bestimmt, spätestens im Krankenhaus. Des wissen Ehr jo bestimmt, wie's seller Fraa gang is, wie ehr dritter Mann gestorb war? Do isse uffs Standesamt un hat des gemeld, wie sich des gehört. Froht doch der Standesbeamte, an was ehr erschder Mann gestorb wär. Do saht se „an Pilzvegiftung". „Ja, un ehr zwetter Mann?" froht dann der Beamte weiter. „Ei, der is a an Pilzvegiftung gestorb!" Jetzt werd der Beamte stutzich un saht: „Sahn se jetzt bloß noch, ehr dritter Mann wär a an Pilzvegiftung gestorb?" „Nä", war die Antwort vun dere Fraa. „Dem is e Äderche im Hern geplatzt. Der wollt die Pilze net esse un do hann ich em grad die Pann uff de Kopp gehau!" Ja, so kanns ehm mit Pilze gehe.

Die meischde Angst soll mer jo neierdings bei denne Pilze hann, die wo strahleveseucht wären. So machen ehm wenischdens die viele Käsbläädcher weis. Ei wammer dann so e agestrahlter Pilz esse deet, deet mer nachts es Nachdischlämbche spare. Ich mach jo zur Zeit e Steinpilzkur mit, die is gesund un ohne jegliche Gefahr. Wie die Kur is? Ei, erscht e Stein trinke un dann e Pils. Vun denne Pilssorte gebts jo a e Masse: Urpils, Barbarossapils, Bischofspils un wie se all hääße. Schad, daß die net a im Wald wachse.

Awer Spaß beiseit. Nemmener mers net fer iwwel: Bei denne richtiche Pilze muß ich unweigerlich immer an unser Politiker denke. Net, daß se kä Pifferling wert sinn, nä. Do gebbts a vun alle Sorte, genau wie bei de Pilze: Die meischde sinn genießbar, es gebbt awwer halt a viele ungenießbare un sogar e paar giftiche drunner. Es gebbt sowohl Schleimpilze un vor alle Dinge a Reizker. Also sinn vorsichtich bei de Auswahl.

Reise in die Vergangenheit

„Ja, ja! Eiropa macht retour
in alle Sorte vun Kultur."
(Paul Münch)

Ich hann emol e paar Daag e Rääs in die Vegangenheit
gemacht. Ach, war des schää! Do kennt mer die Leit vun
sellemols direkt beneide! Die schäne historische Städtcher
un die viele alde Kerche, Burche un Schlösser! Wammer
iwwerleht, daß die Rathaiser aus em Middelalder heit noch
stehe un unser Mordsding no kaum zwanzich Johr schun
geflickt werre muß! Ob unser Rathaus in 500 Johr noch
steht? Un do redden se vum technische Fortschritt. Ei, die
henn friehr mäh uffem Kaschde gehatt, ohne Statiker un
Compjuter.

Ja, sahn die Superschlaue: „Heit hat mer kä Geld mäh fer
so Bauwerke wie sellemols. Was mähne ner, was des heit
koschde deet." Mei Asicht: Was kennt mer mit dem Geld,
wo heit sinnlos vepulwert werd, alles baue? Ei, zeh Theater
geebs bloß fer ä Raket. 500 Millione hett der Bleedsinn ge-
koscht, un do is die Rääs vun dem franzesisch Präsident noch
net emol mit gerechent, fer Flug un zwä Iwwernachtunge
mit Friehstick. Un bloß, daß der emol gesieh hat, wie so e
Ding in de Luft krepiert. Un do saht mer noch, es wär kä
Geld do! Den Könich Ludwig hat mer fer verickt erklärt,
weil er e paar schäne Schlösser un Theater gebaut hat – wo
heit noch de Vadder Staat dra vedient. Wieviel verickter sinn
doch die, wo heit Milliarde in die Luft jagen. Awwer die
Dumme werren net all.

Um uff mei Rääs in die Vegangenheit sericksekomme.
Sicher kammer manches nimmi so mache wie friehr, wo de
Ferscht mojens uff sei Burch geritt is. Stellen Eich emol vor,
de OB un sei Bojemäschder deeten mojens mimme weiße
Schimmel odder uff schwarze Rappe ins Rathaus reite! Fer
die Stadträt deeten jo, ehrer Bedeutung noh, Ponnycher lange.

Heit kennt sich e Minischderpräsident a kä Jagd- odder gar e Luschtschloß leischde. E Jagdschloß wär noch agebrung, wammer an die Jagd denkt, wo do jede Daag in de Parlamente is. Awwer e Luschtschloß kennten die nimmi veantworte, obwohl se vielleicht a ab un zu mol Luscht hetten. Raubritterburche braucht mer heit a nimmi. Dodefor is jetzt es Finanzamt zustännich. Friehr henn die Leit misse e Zehntel an ehr Ferscht abliwwere. Was waren des doch fer Zeite, wammer an unser Steiere heit denkt!

Gewiß hennses in manche Dinge frieher schwerer gehat wie heit. Denne arme Burgfräuleins hennse e Panzerklääd agezoh, wann de Alt uff die Jagd is. Do henns die Liebhaber schwerer gehat wie heit! Heit deet sich doch kä Fräulein mäh e Felse enunnersterze, wann e Jächer käm.

Im letscht Museum, des ich besichtigt hann, will ich mich uffe Sessel setze. Saht de Museumsdirekder: „Do derfen se sich net druffsetze, des is de Thron vum Karl dem Dicken!" Do hann ich gesaht: „Kä Soje, wanner kommt, steh ich uff!"

Ja, ja, so e Rääs in die Vegangenheit is net nor schä, sondern a interessant. Ich kann Eich sowas nor empfehle. Viel schänner wie no Spanie gefahr!

Weihnachtsrummel

„Doch drummerum des gschäftlich Gtummel
Des is nix anneres als Rummel"
(Helmut Metzger)

Frohe Ostern! Gell, Ehr mähnen, ich deet spinne? Awwer ich mähn, wammer schun vier Woche vor Allerheilische Chrischbähmcher in de Geschäfte uffstellt un in de Schaufenschder Schokoladebelzenickel un Engelcher hiehängt, kammer doch a jetzt schun frohe Oschdere winsche. Ich bin halt ap tu deet – wie's jetzt uff neideitsch hääßt. Mer lewen halt in rer schnellewiche Zeit, des kriehmer doch immer widder vorgepreddicht. Un do kammer nadierlich mim Weihnachtsgeschäft net waade bis zum Advent! Wo kähme mer dann do hie?

Es Weihnachtsgeschäft muß rolle, Moral zählt nimmi! Ich fro mich awwer nur, ob unser Kinner sich uff Weihnachte noch fräe kenne, wann e Chrischbaum in de Stubb steht, e Belzenickel un Schnääges drunner und Engelcher an de Tannezweiche. Do werren se sae: „Is Eich nix Besseres eigefall, wie der alt Zinnower?" Ich fro mich alsemol, ob unser Kinner un a mer Erwachsene noch wisse, warum eichentlich Weihnachte gefeiert werd? Do soll doch ebbes vor 1987 Johr gewest sei?

Ehr liewe Leit, wann des arm Jesuskind wißt, wasse alleweil mit ihm mache! Imme Stall uff die Welt kumm, uff me Butsche Stroh geschloof und arm wie e Kerchemaus! Un heit? Do steht unnerm Chrischbaum minischdens e elektrischi Eisenbahn, e ferngesteiertes Audo, e audomadischer Robodder, e Compjuder, wo mer mimme Druck uffs Kneppche die feindliche Fliecher abschieße kann (Friede auf Erden) odder mit rer fliechende Unnertass uff de Mars steiert.

Ich hann jo nix degeje, daß es uns heit besser geht wie friehr. Awwer mer soll doch die Kerch im Dorf losse. Muß mer dann schun vier Monat vorher iwweral die „Stille Nacht" mit Verstärker ojele, daß se ähm bis Weihnachte zum Hals eraushängt? „Ihr Kinderlein kommet" is sowieso heitsedaags e Hohn, wammer die neimodische Eistellung vun de Junge heert.

Vielleicht kann mich jemand iwwerzeiche, daß es mit dem Weihnachtsgeschäft gar net frieh genunk afange kann. Gut, dann schlah ich awwer vor, daß ab 1. Advent a Oschderhase in de Schaufenschder stehen, daß die Fassenacht schun im Summer gefeiert werd – weil do die halbnackische Määd net so freere deeten wie im Februar (vielleicht wär des die be-

54

völkerungspolidisch Idee!). Es Urlaubsgeld kennt mer dann schon im Januar bezahle und die Weihnachtsgratifikation Afang Auguscht uffs Konto iwwerweise. Wanns bis Weihnachte dann durchgebutzt is, macht jo nix, weils dann jo schun widder es nei Urlaubsgeld gebbt.

Die Ehe

„Drum prüf dich, wann dich ewig bindscht,
daß du jo die richtig findscht."
(Bellemer Heiner)

Ich wäß net, wammer in letschter Zeit Illuschtrierte und annere Käsblättcher geles hat un wammer so manche Stimme-fangredde vun unsere Polidiker geheert hat, muß mer sich bal schäme, daß mer e Mann ist. Was sinn mer Männer doch ageblich fer Menscheschinner un Paschas un wie schlecht behannele mer unser Fraue. So häääßts! Ich bin ball 40 Johr verheirat und wann net so viel dumm gebabbelt werre deet, wißt mei Fraa un ich noch gar net, was Emanzipation wär. Denne Kummer hemmer noch nie gehatt.

Allerdings muß ich äns zugewwe: Mer henn vun vornerei klare Verhältnisse in unserer Ehe geschaff. Mer henn schun vor de Hochzet feschtgeleht, daß alle klääne Sache mei Fraa entscheide derf und die große Sache ich. Ich kann jo nix defor, daß bei uns noch nie was Großes vorkumm is. Genau so isses, wammer verschiedener Mähnung sinn, hat mei Fraa recht und wammer gleicher Mähnung sinn, behall ich recht. Also immer ausgeglich! Desweje hemmer in denne 40 Johr a noch nie Krach kriegt. Wann ich mer iwwerleh, daß die Junge heit oft schun ehr Hochzetsrääs abbreche missen, daß se zum Scheidungstermin noch serecht kummen, kennt mer heile.

Ich wäß, heirate is e Lotteriespiel. Es groß Los is selte, ich

55

bin mit mein Troschtpreis sefriede und dankbar. Friehr henn die Fraue am Aldar geschwor „Wo Du hingehst da will ich auch hingehen". Un wann de Mann net grad Briefbott war, ist des eigehall worr. Die heitische Emanze deeten am liebschte alles uff de Kopp stelle. Die wollen kä Kinner mäh, sondern liewer e Audo, weil do die Liwwerzeide kerzer sinnd. Friehr hemmer unser Fraue beschirmt, heit missen die Männer uffbasse, daß se net zum Knirps werren. Kerzlich hann ich geles, daß in Indie die Männer ehr Fraue erscht no de Hochzet kennelerne. Do hann ich mer grad gedenkt: Net bloß in Indie!

Die Stärke des schwachen Geschlechts ist halt, daß es ihm oft gelingt, es starke Geschlecht schwach se mache. Ja, ja des Lewe ist halt e Theater. Die Sprechrolle henn meischdens die Fraue. Ich hanns jo gut. Seit dere Gleichberechtigung muß mer mei Fraa helfe beim Gescherrspiele. Wie hat kerzlich e Polidiker gesaht: „In unserem Staat sind alle Menschen frei geboren!" Recht hatt er. Wann se dann heirаten, is jo ehr Sach.

Kennen ehr schun de Kreislauf des Lebens? Bassen uff, des is so: Die Fraa hat Angscht vor de Maus, die Maus hat Angscht vor de Katz, die Katz hat Angscht vorm Hund, de Hund hat Angscht vorm Herrche, es Herrche hat Angscht vorm Frauche un es Frauche hat widder Angscht vor de Maus. So gehts immer rund.

Wehrt Euch, Ihr Männer!

„Ja Wei un Männer machen Bosse!
Die muß mer halt gewähre losse!
(Helmut Metzger)

Mer duht mei Schulder heit noch weh, soviel Mannsleit hemmer druffgekloppt und gemäht, daß ich mol denne Emanze die Levitte geles hett. Un werklich, mei Mähnung hat Erfolch gehat, ich merks dehäm schun, wie ich jetzt endlich mäh eschdimiert werr. Ich derf jetzt schun ganz frech unnerm Disch erausgucke. Ja, mer Männer missen uns wehre, sunscht machen se mit uns was se wolle. Ich jedenfalls loß mer nix mäh gefalle.

Un wie egoistisch sinn doch die Fraue, oft henn se fünf Freundinne un uns gennen se noch net änni. Un wammer mol werklich e bißje spät hämkommt, sahn se noch: „Ich vesteh net, wie mer sich so lang in de Wertschaft uffhalle kann!" Hann ich recht odder net: Vun Sache, wo mer nix devunn vesteht, soll mer sich eraushalle!

Statt se dankbar sinn, daß mer die Bette schont, krieht mer noch e frech Maul agehänkt. Awer mer sinn je selwer schuld. Schun des alte Sprichwort saht: „Es kann der Beste nicht in Frieden leben, wenn ihm die schöne Nachbarin gefällt!" Saht doch do kerzlich änni zu mer, e Mann wär grad wie e Hund, er käm mit dreckische Fieß häm, det sich an de Oowe hocke un knewwere un dann bloß uffs Esse lauere. Muß mer sich dann sowas biete losse?

Jetzt, nodem mer emanzipiert sinn, muß doch endlich Schluß sei mit denne Diffamierunge. Wie isses dann? Bei jedem Sauwetter soll mer eikaafe gehe, selbscht wammer kä Hund enausschickt. Un was krieht mer fere Antwort? „Ich hann jo a net gesaht, daß de de Hund mitnemme sollsch." Wammers genau nemmt, hats doch e Sträfling besser. Der kann weje guder Fiehrung vorzeidig entlaß werre. Reiche Männer henns jo noch e bißje besser wie unseräner. Die kennen sich e Sekredärin leischde. Un meer? Mer heiraten halt.

Trotzdem, mit Recht werren unser liewe Fraue besung. „Dein ist mein ganzes Herz, wo Du nicht bist, kann ich nicht sein . . ." Un was singen die iwwer uns? „Die Männer sind alle Verbrecher . . ." So schlimm musses awwer doch net sei, wammer so die junge Mäd sieht, wie se am Borsch hängen wie e Spatz amme Sechspinder un Mundzumund-Beatmung iewen. Am liebschde deeten se ne als fresse. Und später ärjern se sich dann, daß se ne net gefreß hann. Gut, ich loß es gelle, daß die Männer alle Verbrecher sinn. Awwer des anner stimmt halt a: . . . awwer lieb sinn se doch! Gelle?

Sport

„Die Palz, die hot in Land und Stadt schun immer gute Sportler ghat."
(Helmut Metzger)

Lautere is jo bekanntlich die „Stadt des Sports". Vor alle Dinge beim Fußball simmer immer vorne geweßt. Jetzt isses widder losgang uffem Betze. Des neie „Fritz-Walter-Stadion" is äfach Klasse. Un des alles gehört em Verein. Annerscht wie bei denne Mannemer Bloomailer. Wammer die net in Ludwigshafe spiele losse deet, mißten se noch in Mannem „Kanälchers" spiele, weil se kä Stadion hann. Bis jetzt henn sich jo die „Schnääker", so hat mer frieher zum FCK gesaht, ganz gut geschlah.

Ja die Schiedsrichter! Kä Wunner, daß die immer in Schwarz ufftrete misse, do gebbt's nämlich die traurischde Fäll drunner. Was hat seller Fußball-Fän nom Spiel zu dem Schiedsrichter gesaht? „Gell, des war e dolles Spiel, Herr Schiedsrichter, nor schad, daß ses net gesieh hann!" Die ärmschde Deiwel im Fußballgeschäft sinn jo die Trääner. Kennener de Unnerschied zwische me Bundesliga-Trääner un me Elefant? Ei de Elefant kann net flieje!

Sport werd iwwerall groß geschribb. An jeder Eck e Boddy-Bilding. Die Fraue mache des, daß se jung aussiejen. Mit Erfolch! Ich kenn enni, die sieht no some Boddy-Bildings-Kurs nimmi aus wie e Fraa vun 45, sondern wie e Mann vun 35. Es gebbt jo a genunk Männer, wo Sport treiwe. Die machen fascht jede Dag e Seitesprung. A Danze zählt jo jetzt zu de anerkannte Sportarte. De Unnerschied zum Ringkampf is bloß der, daß beim Ringkampf einiche Griffe vebott sinn.

Die Weltmäschderschaft im Schwimme war jo a in de letschte Daage. Do hemmer jo a e paar Goldmedallje geholt. Allo, 200 Meter Bruscht is jo was! Stellen Eich des emol bildlich vor! A beim Damebruschtkraule hemmer kä Nachwuchssoje.

De neischde Sport is jo des Tschogging odder wie des häßt. Des sinn die, wo mer als uff de Landstrooß odder im Wald antrefft mit denne rote Krawatte. Awwer des sin kä Krawatte, wo denne am Hals hängt, des is die Zung. Die vorich Woch sinn jo, wie ich in de *Rheinpfalz* geles hann, zwä Tschogger nackisch durch die Mitte Stadt gerennt. Ach, henn die die Leit geguckt! Ich han mei Kumbel gefroht, ob er die eichentlich gekennt hat. „Nä", saht er, „ich hann jo net no de Gesichter geguckt." Ja, es gebt nix, was net gebbt. Des kammer jede Daag ufs Neie feschtstelle.

Moderner Menschenhandel

„Mer kennt grad flenne,
Fußballspiele mißt mer kenne."
K. Sch.

Wer mähnt, Menschehandel hetts bloß im Mittelalter odder bei primitive Völker gebb, der schnerrt sich. De moderne Menschenhandel is zur Zeit in vollem Gange. Lese nor emol jede Daach die Sportseite vun de Zeitung. Die Fußballnationalmannschaft is schun ball ausvekaaft. De ä' geht no Italie, de anner no Spanie un widder e annerer no Frankreich. Die Völker sinn zwar allminanner so arm wie's Leebche, awwer dodefor hennse Geld, fer Stars se kaafe. Un die gehn a net wejem scheene Wetter odder de Pizza no Siede. Nä, es dreht sich alles ums liewe Geld.

Un wammer die Summe heert, wo die Buwe kriehn, kammer bloß noch mim Kopp schiddele. Um Millione gehts do immer. Ei, dodefor muß e Arweiter sei ganz Lewe lang hart schaffe. Ach, hett mer doch bloß Fußballspieler gelernt! Awwer zu unserer Zeit war des jo noch net so. Do henn die beriehmte Rote Deiwel noch fer e Middagesse gespielt, daß se bloß satt wor sinn.

Ja, des is de Unnerschied zwische me Bankreiwer un me Fußballspieler: De Bankreiwer saht: „Geld her odder ich schieß!" De Fußballspieler saht: „Geld her odder ich schieß net!"

Was mähnener, was des wär, wanns im normale Wirtschaftslewe a Handgelder geeb? Wann enner vuns Paffe zum Opel gehe wollt odder umgekehrt un der Mann deet dann sae: „Unner e halwi Million net!" Des wär e Ding!

E Fußballspieler vedient heit jo mäh wie e Owerbojemäschder. Hett de O.B. Fußballspiele gelernt, gingsem a besser!

Es gebbt allerdings ja a so Fäll wie seller, wie de Vereinspräsident zu me Spieler gesaht hat: „Sie sinn so gut, daß mer ehr Gehalt um e Drittel erhöhe!" Gebbt der doch zur Antwort: „Ich will awwer minischdens e Viertel!"

E anneri Mannschaft hat so e schlechter Doormann gehatt, so daß de Vorstand zum gesaht hat: „Du kriesch vun uns jetzt e Vetrag iwwer 20000 Mark monatlich, wann de zu de Konkurrenz gehsch!" So was gebbts a!

Unser Nochberskind is mit seine zeh Johr schun fußballfanatisch. Kerzlich isser hämkomm un hat zu seim Vadder gesaht: „Babbe, is des net doll? Mei Vetrag mit de dritt Klass is velängert worr!"

Fair sinn jo die Fußballer heit allminanner. Sie besuchen als ehr Gechner sofort nom Spiel im Krankehaus.

Trotzdem: hipp-hipp-hurrah!

Wie im Schlaraffenland

„Wann ich dra denk, krieh ich e Wut,
ach Kinner, was ging's uns so gut!"
(K. Sch.)

Kinner, was geht's uns ball so gut! So gut, daß mer's nimmi aushalle kenne! Die viele Wahlversprechunge werren dann hoffentlich allminanner a eigehall. Ich hann alle Prospekte un Bläärcher genau studiert un mer so halt e Bild gemacht, wie gut's uns dann geht.

Vorausgesetzt, ehr gehen a wähle, stell ich mer dann vor: Steiere brauche mer dann kä mäh se bezahle. Stattdesse kommt e Herr vum Finanzamt zu Eich hääm, un statt rer Mahnung krieht jeder e Blummelsteckelche mit Vergißmeinnicht.

Selbstverständlich werd a alles billicher. Ich schätz, daß dann in rer Wertschaft e Menü mit drei bis vier Gäng – ohne de Hausgang – so Sticker drei bis vier Mark koscht. Dezu e halwer Wei fer sechzich Penning. A es Freibier schlaht kä Penning uff. Sundaags soll's dann Essekaate koschdelos fer die ganze Familie gewwe. Voraussetzung nadierlich, daß ehr wähle gehen.

Die Rentner kriehn Freikaate fer die Kaffeefahrte. Wann de Andrang zu groß werd, werren Sonderziech eingesetzt. Am Zielort gebt's vier Halwe un e Portion Schwaatemaa. Selbstverständlich kriehn in Zukunft a die Rentner Urlaub, mit entsprechendem Urlaubsgeld. Vorausgesetzt, ehr gehen wähle!

Iwwer de Umweltschutz brauche mer dann a nimmi se streite. Do laaft kä dreckischi Brieh mäh in de Rhei, und drunne an de Kläranlag kammer ball Forelle fange. Vun weeche Saurer Räh, der werd dann sieß. Im Karlstal bliehn demnächst Edelweiß. A de Wald werd sauwer, weil an alle Wechkreizunge Häischer uffgestellt werre, do brauchen ehr nimmi em gääle Strich nohsegeje. Immer widder vorausgesetzt, ehr gehen wähle.

Vun de Krankekass kriemer dann alle vier Woche sechs Woche Kur verschribb, nadierlich mit Daschegeld fer de Kurschatte. Mim Urlaub werd's a besser. So e Ansturm uff Teneriffa henner noch nie erlebt! Do missen Platzkaate am Strand vedäält werre. Schaffe misse mer dann nor noch mittwochs. Sie wissen awwer noch net genau, ob mojens odder middags. Immer widder vorausgesetzt, ehr gehen wähle.

Mietwohnunge kammer vegesse. Jeder krieht e Bungaloo, wahrscheinlich dreistöckisch, mimme Swimmingpuul un me Riesegaade. Voraussetzung is dann allerdings, daß jeder dann in seim Gaade e Persching planzt fer die Veteidichung von denne Errungeschafte.

Ach, wann ich erscht ans Fernseh denk! Sechseverzich Programme uff ämol! Es is ball net se glaawe!

Un in Lautere krieht a jeder Radfahrer e Radfahrweg. Un vor jedem Haus e Parkplatz mit Parkuhr.

Ehr Leit, ich frä mich grad, wann die Wahl erum is. Wie im Schlaraffeland lewe mer dann. Wanner nadierlich net wähle gehn, werd's nix drauß.

Wer die Wahl hat...

Schun widder steht uns e Wahl bevor. Erscht hemmer de Bundesdaag gewählt, un jetzt geht's an de Landdaag in Määnz. Des is jo net se vegleiche mit Bonn, weil mer jo dort net soviel kabutt mache kann. Awwer wie mer iwwerall sieht und heert, gehts widder um unser Schicksal, denn wie hääßt e altes Sprichwort: „Die dümmste Kälwer wähle ehr Metzger selwer!"

Sicher kriehmer a jetzt widder allerhand uff de Backe gemohlt. An alle Ecke un Ennc sieht mer jetzt so schäne Bilder von noch schänere Fraue un Männer. Ei, mer mähnt ball, es wär e Miss- un e Misterwahl. Ehrlich gesaht, so schää wie uff denne Plakate sinn de allminanner net. Do hat de Retuschör schää se due gehatt, bis der die so hiegebrung hat. Un lache duhn se jo all uff denne Plakate. Uns vegeht es Lache erscht hinnenoh. Nadierlich henn die gut lache, den so e Peschtche im Landdaag bringt schun was ei.

In de Innestadt hat sich jo alles konzentriert. An jedem Eck e Ständche vun de Parteie. Un die sinn all so großziechich. Ich hann jetzt 17 Kugelschreiwer, 47 Luftballone und 91 schriftliche Vesprechunge. Was ich vemißt hann, sinn Radiergummi, daß mer die Vesprechunge in de negschde vier Johr widder ausradiere kann.

Die Leit sinn jo allgemein skeptisch worr. Es gebbt viel, die wo grie denke, rot wähle und schwarz schaffe un dann vekohlt werre. Viel Politiker henn jo e reines Gewisse, weil ses nie benitze. Die ganz politisch Prominenz war jo in de letschte Daache in Lautere un henn geredd, obwohl viele Ansprache net de Rede wert waren. Do redden sogenannte Fachleit iwwer Theme, wo se gar nix devunn vestehen. Etwa Fraue iwwer die Wirtschaft, obwohl doch mer Männer e besserer Eiblick in die Wertschafte hann wie die Fraue. Do redden Junggeselle iwwer Familieplanung, obwohl se doch noch gar net wisse dirften, wie's geht. Do redden Beamte iwwer Awet, obwohl se doch selte gehat hann. Do redden Zwäzentnermänner iwwer gesundes Lewe, obwohl se doch sichtlich a liewer e Rippche esse wie e Gellerieb. Awwer was soll's, es is halt Wahlkampf, do werren die politische Süppcher a net so hääß geß wie gekocht. Ich denk mer halt immer mei Deel und wähl, was ich fer richtich hall.

Die Quellensteuer

„Wer sich nit wehrt un bleibt verklemmt,
werd ausgezoge bis uff's Hemd!"
(Helmut Metzger)

In Bonn hennse mol widder was Neies fer uns ausgeheckt. Es soll jetzt e Quellesteier gewwe. Ehr Leit, ich root Eich, gehen am Sunndaach noch emol enaus in de Pälzer Wald an irchend so e schäni munteri Quell, an die Letzbachquell, an de Candidusbrunne, ans Hupserbrünnche odder an die Lauterspring. Mer wääß, wie lang ehr noch es Wasser fer nix dort kriejen. De Hungerbrunne wollen die jo sicher dann ganz dicht mache, weil do jo bloß alle siwwe Johr es Wasser fließt un so lang kennen die net waate. De Finanzminischder braucht jo des Mees dabberche, sunscht klappt des jo net mit dere Steierreform: Des is also so, wie wann ich der in de rechte Sack zeh Mark eneisteck un aus em linke zwanzich Mark eraushol.

Um uff die neie Quellesteier sericksekomme: Mer henn jo schun in de Schul des schä Gedicht gelernt: „An der Quelle saß der Knabe . . ." Un an un fer sich is es jo so, daß es denne, wo an de Quell sitze, im allgemeine net schlecht geht. Des sieht mer an unsre Politiker un an denne, wo an rer Geldquell sitze.

Wann die Steierreform erum es, kammer sae: Guck emol do, die Regierung hat schun widder e Gehaltserhöhung krieht. Ich gebb jo zu: E Finanzminischder, wo beliebt is, hat sei Beruf verfehlt. Ä Hoffnungsschimmer hann ich jo: Daß ball statt em Nettolohn die Abziech ausbezahlt werre. Also heitzudaags braucht mer e guter Steierberater. Ich hann enner. Meiner hat mei letschdi Kur als dringende Altbausanierung vun de Steier abgesetzt.

Es is jo ganz richtich, daß mer Deitsche mäh spare solle. Sie hann a jetzt in Bonn beschloß, kä neie Atomwaffe mäh se kaafe, bevor die alde net vebraucht sinn. Mich trefft jo

die neie Quellesteier besonnerscht hart. Wann ich mer näm-
lich iwwerleh, was mer an Zinse velor geht, weil ich kä
Vemöche hann. In Anbetracht der Umstände soll jo jetzt es
Lauterer Finanzamt veleht werre, in die Quellestrooß.

An die Versicherunge wollen se jo jetzt a drageje. Is a
richtich. Ich kenn Leit, die bezahlen schun dreißich Johr in
die Sterwekass un sinn immer noch net gestorb. Wo komme
mer dann dohie!

Allo dann, denken dra: Gehen in de negschde Daache an
irchend e Quell odder Brünnche, nemmen Eich e großes
Dippche mit. Mer wäß, wie lang die Quelle noch sprudele
dürfe, ohne daß de Staat sei Hand uffhalt.

Besuch aus der DDR

„Dankt eierm Herrgott dief ergewe,
daß er Eich in de Palz loßt lewe."
(Helmut Metzger)

Ich werr jo net gern politisch, weil des dann meischdens
e „heißes Eise" is. Awwer was soll's? Mer kann doch net
äfach e Ereichnis iwwergehe, wo die ganz Welt davun geredd
und geschribb hat! Honecker hinne, Honecker vorne. Großer
Bahnhof in Bonn, in Düsseldorf, in Trier, in Saarbricke un in
Minche. In Lautere hemmerne jo kenne net empfange, weil
mer hier jo kä großer Bahnhof henn.

Im schlimmschde Fall hettemer jo kenne noch e roter Debbisch lähne, awwer do hett vielleicht de OB zu'm gesaht: „Erich, bleib uffem Debbisch!" So e Abordnung hettemer bestimmt a zamme krieht. Vorschlag: Lauter Hohnecker, praktisch Namenskolleche aus dem westliche Stadtdeel.

Was mich jo gefräht hat, daß der DDR-Boß noch net sei Muddersproch vergeß hat, er duht immer noch saarländisch schwetze. Ich glaab, des is do driwwe de äänzich, wo kä Sachse is. Jetzt werd vielleicht a an de Grenz nimmi so oft das Wort „Gänsefleisch" gesaht. Dann jedesmol, wammer do niwwer is, hat's an de Grenz bei denne Volkspolizischde gehääß: „Nu, gänse fleisch mol de Koffer uffmache?"

Sei Besuch in Rheinland-Pfalz war jo a intressant. Daß er ausgerechnet in Trier war, vesteh ich net, denn schun in de Bibel steht: „Und Gott sprach, es werde Licht! Nur in zwei Orten blieb es finster: in Trier und in Münster." Awwer er hat sich halt fer des Karl-Marx-Haus intressiert. Dort hat er das „Kapital" in de Theorie gesieh un in Essen in de Villa Hügel des Kapital in de Praxis. Ja, ja, Theorie un Praxis, des sinn halt zwä Kapittel!

Ich bin jo vun dem Buch „Das Kapital" vun Karl May enttäuscht: Ich bin jetzt uff Seite 127 un bis dorthie hat noch kä Wort vun Indianern drinngestann.

Awwer uff unser Staatsgast sericksekomme. Un do henn unser Politiker immer gemähnt, mit demm kennt mer kä Staat mache. Siehner, so ännern sich die Zeite! Ehr henn Eich sicher a die viele Fernsehsendunge ageguckt. Meischdens is jo geß worr. Rotkohl war em liewer wie Schwarzworzele, des hat mer gemerkt. Awwer in Saarbricke hat er mol kenne widder richtich esse wie frieher dehemm. Hooriche un Dibbeslabbes. Bibbelchesbohnesupp wollt er net, weil dann widder manche gemähnt hetten, des deet er bloß esse, daß er anschließend besser schieße kennt. Kappes hat's a net gebb, des is bloß gesproch worr. A des DDR-Nationalgericht wollt er jetzt net: Gedämpfte Zunge.

Änns hat er jo am Schluß zugesaht: Er wollt die Mauer vebutze losse, er hett nämlich grad jetzt sei Bausparvertrag erausbezahlt krieht.

Volkszählung

„Greif net in die Räder,
zieh net glei die Brems,
loß de Karre laafe,
wies de Daa bringt, nemms."
(Friedel Römer)

„Er zählt die Häupter seiner Lieben und sieh, es waren acht statt sieben!" So odder so ähnlich hemmer als in de Schul em alde Schiller sei Gedichtche erunnerrassele misse. Zur Zeit zählt jo de Vadder Staat a die Häupter seiner Lieben. Leider sinn se halt net allminanner „lieb". Es gebbt halt e paar böse Buwe debei, wie iwweral in de beschde Familie. Des is schun immer so geweßt: Unner jeder Herd gebbts Grindische! Do muß mer sich dra gewehne.

Volkszählung hat's jo schun se lebdaach gebb. Denken

bloß mol an Eier Relichionsstunn, wo mer gelernt hann: „Es begab sich aber zu der Zeit, daß ein Gebot ausging, daß alle Welt geschätzt wurde ... und jedermann ging, daß er sich schätzen ließe, ein jeglicher in seine Stadt..." Ei, do henn mers doch heit werklich äfacher, mer kennen dehäm bleiwe, weil nämlich änner odder änni zu uns hämkommt un helft uns noch bei dere Fraachebooche-Ausfillerei.

Ich mähn, so alle paar Johr, muß doch de Staat wisse, wo er dra ist. Schun weje de Statistik. Ich hall zwar net viel vun Statistike, wanns zum Beispiel hääßt: In Deitschland hat jedi Familie annerthalb Kinner. Henn Ehr schun emol a halwes Kind gesieh? Odder do hann ich geles, daß jeder Dritte e Auto hett. Dann vesteh ich net, daß immer noch Viersitzer gebaut werre. Do kerzlich hat mer e Bekannter gesaht, daß jedi vierte Eh uglicklich wär. Er hett Glick, er wär erscht dreimol veheirat. Mei Fraa halt mer jetzt vor, daß laut Statistik mer Deitsche im Bierverbrauch an zwetter Stell stehe deeten. Do hann ich gesaht: „Was kann dann ich dodevor, ich du werklich was ich kann!"

Um uff die Volkszählung sericksekomme. Ich hammers mit denne Fraachebooche schlimmer vorgestellt. Die Worte, wo do schun gemach worr sinn! Do muß mer sich an de Kopp fiehle! Die Leit kennen ruhich wisse, wie ich hääß. Sie kennen a wisse, daß ich veheirat bin un Kinner hann. Warum dann der ganze Zauber? Un jetzt hemmer noch vesichert krieht, daß alles ganz geheim bleiwe deet. Vun weeche Dateschutz. Des is mer a klar, denn in Deitschland hat jo nimmand mäh e Name, mer sinn all bloß noch Nummere im Compjuder. Schun mei Fraa saht als: Du bisch der noch e Nummer!

Viel schlimmer sinn jo die Fraachebooche, wo die Stadt erumgeschickt hat. Do soll mer wisse, wieviel Abwasser mer hett. Ei, do kommts doch druff a, wieviel Bier mer am Daach getrunk hatt! Siehner, un so Fraache gehen schun in die Intimsfähre.

Weltspartag

„Guckt net uff Brulljes bloß un Geld!
's gebt besseres uff dere Welt!"
(Helmut Metzger)

Sicher henners schun geles: „Weltspartag". Do werd's a Zeit, daß mer mol widder spare lerne. Schun mei Großvadder hat als gesaht: Spare in der Not, dan hasche Zeit dezu! Ja, mit dem Spare is es so e Sach. Sparsche soviel, kommt de Vadder Staat un nemmt der noch die paar Knepp ewegg. Siehe Quellesteier. Awwer trotzdem mähn ich, mer sollt halt immer e paar Klicker uff de Seit hann, mer wääß jo nie, was noch uff uns zukummt, zudem alleweil in de ganz Welt uffem Geldmarkt Rumbeldibuscho is. Do wääß mer werklich net, was mer mache soll. Wie mer's macht, macht mer's verkehrt.

Mim Spare gebbts halt verschiedene Asichte. Die ähne schmeißen es Geld zum Fenster enaus, widder annere sprechen durch die Noos, bloß daß se ehr Zäh net abnitze. Es gebbt sogar ganz sparsame Männer, die iwwernachte sogar bei de Freundin, bloß fer dehäm die Bette se schone. Mit Banke hann ich's schun immer gern se due gehatt. Ich hann a Vertraue in die Geldinstitute, net wie selles alde Frääche, wo sich am Schalter vun ehrm Sparbuch 500 Mark gewwe geloß hat. Wie der Schalterbeamte des Geld dann hiegeblättert hat, gebbt ses glei widder serick un saht: „Ich wollt bloß emol gucke, ob ehr mei Geld a noch hann!"

An so me Bankschalter kammer jo allerhand beowachde. Zum Beispiel will e Bankkunne Kredit fer sei neies Haus hann. Froht der Mann am Schalter, wie er die 400 000 Mark abbezahle will. „Jo", saht der Kunne, „ich hann gemähnt, so monatlich 100 Mark." „Ei, so deeten so jo iwwer 300 Jahr abbezahle", mähnt der Bankje. „Ja, awwer des is mer des Haus wert!" mähnt der Kunne.

E annerer Fall hann ich a beowacht: E Mann will 10 000 Mark abhewe. Der Beamte zählt Hunnertmarktschei ab, bei

500 Mark saht der Kunne: „Es langt, ich glaab's Ihne, daß es stimmt. Bis jetzt hat's gestimmt, do werd de Rescht a noch stimme."

Bei de Banke gebbts jo heitzudaags zich Zeddel fer alle möchliche Spende. Do hann ich grad emol fer de Dierschutzverein e Scheck iwwer hunnert Mark abgebb. „Awwer do fehlt jo bei dem Scheck noch ehr Unnerschrift", mähnt der Herr vun de Bank. „Ach wissense", hann ich dodruff gesaht, „ich deet gern anonym bleiwe." Ich wollt mer do kerzlich bei de Bank a e Los kaafe. Awwer wie ich geheert hann, daß die Ziehung erscht am kommende Sunndaach is, hann ich's uffgebb. Ich breicht nämlich des Geld schun am Freidaach. Mei Fraa mähnt jo, sie wär's net, wo soviel Geld ausgebbt. Ich wär schuld, weil ich so wennich vediene deet.

Ja, es dreht sich heitzudaags alles ums liewe Geld. Awwer wie gesaht: Sparen, un wanns fer die lachende Erwe is!

Weltnichtrauchertag

„Ja wann de Mensch e G'wohnheit hott,
wie's Trinke odder 's Raache,
do hilft kä Mahne, keen Schelte, keen Spott,
er loßt sich halt nix sage."

(Fritz Claus)

Schun widder was Neies: „Weltnichtrauchertag". Do muß
ich halt jetzt e Loblied singe uff die Nichtraucher un de
Raucher enns uff de Deez gewwe. Mer fallt des net schwer,
weil ich noch nie in meim Lewe die Utuchend Raache gehatt
hann. Ach, was is iwwers Raache schun geredd un geschribb
worr, un es hat doch alles kä Wert gehatt. Petz emol emme
Ochs ins Horn. Die sahn halt, daß schun die alde Germane
geraacht hetten, deshalb wärn se a alde Germane worr. Die
Krimhilde hett sellemols schun zum Siechfried, wie er spät
omends häm komm is, gesaht: „Mach mer kä Raach in de
Sack, Du warsch bestimmt widder bei de Brünhilde, dem
Drache!" Un des war dann sei verwundbari Stell.

Un genau so isses noch heit bei unsere Raucher die ver-
wundbare Stell. Iwwer alles kammer mit denne Leit venünf-
tich redde, bloß net iwwers Raache. Wieviel Geld die schun
in ehrm Lewe verraacht hann! E viersteckich Haus hetter
schun verraacht, hann ich do kerzlich zu some Ketteraucher
gesaht. Mähnt er doch: „Un, is des Haus do vorne Ihne?"
„Nä", hann ich geantwort. „Siehnse, awwer meer!"

Im Büro hann ich unner lauter Raucher gehockt. Des hat
als gequalmt wie e klänni Fawerick. Rauchverbot wär e
Eischränkung ihrer persönlichen Freiheit, mähnen die dann.
Ei, mim selwe Recht kennt ich mer dann a mojens Limbojer
Käs uff die Heizung leje. Des stinkt zwar annerscht, awwer
is a e Zumutung. Ä Vorteil hett jo trotzdem e Rauchverbot
in de Betriewe, denn do dürften die Chefs a kä Sigaare mäh
vedääle.

Ja, ja, es gebbt Leit, die wo liewer sterwe deeten, als uff
die Glimmstengel se vezichte. Mei Freund hat gemähnt, er

hett sich es Raache vor genau fünfezwanzich Johr abgewöhnt. Do hann ich gesaht: „Ei, do kann ich der jo ball zu de silwerne Hochzich graduliere!"

E Sauerei is jo, daß die junge Mäd un Buwe schun mit zwölf Johr afange se qualme. Denne ehr Lung un Lewwer is mit verzich schun ä Matsch. Ach Gott, hetten mer se friehr gefaßt, wammer uff em Schulhof geraacht hetten. Do wären mer aus de Schul gefloh. Was ich noch net leide kann, wann junge Mäd am Steier vum Audo hocke, mit ääner Hand lenke se un mit de anner duhn se die Sigarett astecke. Hann ich doch kerzlich grad zu änner misse sae: „Nemmen se doch beide Hände!" Saht se: „Mit ähner muß ich doch lenke!" Mer stellt jetzt sowieso fescht, daß alleweil die Männer wenicher raache wie die Weibsleit. Die mähnen halt, sie wären dann emanzipiert, wannse ehre Kinner de Qualm ins Gesicht bloose.

Geraacht werd halt iwweral, egal was unser Familieminischterin preddicht. Ich sa' Eich bloß ääns: Wanner net raache deeten, kennten ehr schun zeh Johr älder sei!

Beamte

„Drum verzeih, du liewer Gott,
dene Leit uf dere Welt,
die wu die Zettel zammegstellt
an dem lange grüne Disch
wo Paragraph de König isch."
(Bellemer Heiner)

De änzich Beruf, wo kä Urlaub kriecht, sinn jo die Schulmäschder. Die deeten zwar gern schaffe, die kennen halt bloß zur Zeit net, weil die Kinner net do sinn un Ferie hann.

Ja, un dann gebts noch die Beamte. Die kennen a net äfach es Rathaus odder ehr Behörde zumache. Die missen immer do sei fer Volk un Vaterland. Es wär zwar e schäni Sach, wanns Finanzamt emol e Johr Urlaub mache deet, awwer do wär jo nimmand mäh do, wo de Leit es Geld abkneppe kennt. Die Finanzbeamte sinn jo die „beliebteste" Leit im Staat. Die kommen uff die unmöglichste Gedanke. Kerzlich krieht enner e Anfrag vum Finanzamt: „Woher haben Sie das Geld, mit dem Sie Ihre Steuern bezahlen?" Wie mer so heert, sollen jo jetzt in de Eisebahnstrooß wisawie vum Finanzamt die ganze Haiser abgeriß werre, weil dort e Schillerdenkmal hiekomme soll, daß er jede Daag sei „Räuber" sieht.

Zurück zu de Beamte. Des wissen Ehr jo: Zum König werd mer gekrönt, zum Ritter geschlah un zum Beamte gestembelt. Am schwerste henns jo die Standesbeamte. Was die alles uffem Gewisse hann! Ei, do kennt ich nachts nimmi ruhich schloofe!

Es wichtigste bei de Beamte is jo es Parteibuch. Es soll jo gewwe, die glei drei Parteibicher im Sack hann. Sicher is sicher. Mer wäß jo nie, wie's kommt.

Beamte sinn jo im große un ganze sehr gewissenhaft. Bevor die die Akte venichte, lossen se noch Kopie mache. Die Beamte henn a im Dienst e besonneri Sprach. Die häßt „Amtsdeutsch". Es is gar net so leicht, die se lerne, weil se ganz annerscht is wie die Muttersprach, wo mer in de Schul gelernt hat.

Beamter sei, hat Vor- un Nachteile. E Vorteil is zum Beispiel, daß er öfters befördert werd, wann er die entsprechend Zeit abgeseß hat. E annerer Vorteil is, daß er beim Doktor net so lang waate muß wie enner mimme Krankeschei. E Nachteil is, daß e Beamter nix anemme derf. Es soll sogar gewwe, die nemmen noch net emol Venunft a. Awwer simmer froh, daß es Beamte gebbt. Ei, mer wißt jo garnet, iwwer was mer de ganze Daag schelle kennt. Sicher is jo der Beruf. Die kennen kä Konjunktur un kä Bankrott. Bevor de Staat nämlich bankrott macht, schlaht er mit de Steiere uff, un die Rechnung stimmt widder.

Dann sinn jo die Beamte a gesetzlich geschützt. Des beweist e Schild, wo ich kerzlich in de Stadt gesieh hann: „Eigentum der Stadtverwaltung Kaiserslautern. Entfernen verboten!"

Die neue Rechtsprechung

„Ja sagt emol, was is dann bloß
in unserm schäne Lännel los?
Wu simmer dann? Wie hemmers dann?
Is so e Treiwe nit e Schann?"
(Helmut Metzger)

Mer macht sich halt jede Daag so sei Gedanke, was so in Lautere un in de anner Welt bassiert. Die letscht Woch les ich in rer Zeitung als Iwwerschrift: „Hochsaison für Ganove". Grad ä Daag später is widder e großer Artikel, was so Daagdiebe alles astelle. E traurich Geschicht, wammer bedenkt, daß mer bis jetzt noch net in Chikago lewen. Awwer die Methode sinn nimmi weit devunn.

Intressant is jo, wammer dann iwwer die Gerichtsvehannlunge lest. Do wunnert mer sich nimmi, daß heit enner weje fünf Mark dootgeschlah werd, daß alte Fraue am hellichte Daag iwwerfall werre, daß jede Nacht woannerscht eigebroch werd, daß Allgemeingut sinnlos kaputtgeschlah werd. Awwer was will die Bolizei mache? Wannse werklich emol enner schnabbe, laaft der am negschde Daag widder freudestrahlend erum, weil er e feschder Wohnsitz hat. Un wann dann schun emol enner im Kittche hockt, saht de Gefängnisdirekder: „Merkt Euch eins, wer hier nicht pariert, fliegt raus!" Wunnern Eich doch nimmi. Die Strohmer henn jede Omend Anschauungsunnerricht im Fernsehe. Do lerne se all die Schliche, wo se vorher noch net gewißt hann.

Sicher, es gebt a ehrliche Ganove. Wie seller, wo imme Lauterer Betrieb mim Rucksack durchs Door wollt. De Portje halten a un frohten, wieso er im Rucksack e Ambos mitnemme wollt. Saht der ganz uschullich: „Ich möcht bloß wisse, wer mer do widder e Schawwernack gespielt hat!"

Es schwerste Vebreche is jo alleweil, wammer falsch geparkt hat. Eibruch, Raub un Iwwerfall sinn nimmi so schlimm, mer braucht bloß Geld fer e gude Veteidicher se hann. Wie hat seller Ageklahte no seiner Freisprechung gesaht: „Herr Veteidicher, ich bedank mich herzlich bei Ihne fer ehr Plädoje, ich glaab jetzt bal selwer, daß ichs net war." Heit isses ugefähr so mit unserer Gerichtsbarkeit: E Mann hat sei Fraa nachts midde uff de Strooß dootgeschlah. Als Zeuche is grad e Radfahrer vebei komm. Urteil: Der Ehemann is freigesproch worr, weil er als Kind emol die Masere gehat hat, de Radfahrer wurde verurteilt, weil er ohne Licht gefahr is.

Wie hat seller Richter e Zeugin gefroht: „Sind Sie mit dem Angeklagten befreundet?" „Nä", hat die dann geantwort, „ich bin sei Schwiermudder!"

Wammer sich kä Starawalt leischde kann, siehts bees aus. E Pflichtveteidicher hat emol gesaht: „Es duht mer läd, denne Prozeß hemmer mit Pauke un Trumbete velor!" Gebt der Angeklagte zur Antwort: „Häßt des vielleicht, daß ich a noch die Kapell bezahle muß?"

Ja, ja, e bees Kapittel „Gerechtigkeit". Ich möcht awwer zum Schluß bloß betone, daß irgendwelche Ähnlichkeite mit noch lebenden, stehenden oder sitzenden Personen rein zufällig wären un vor mir nadierlich keinesfalls gewollt. Ehr kennen mich jo!

Handwerker im Haus

„Handwerker, die wo freundlich sin,
betracht mer immer als Gewinn."
(Helmut Metzger)

Ich hann e schweri Woch hinner mer. Mer henn nämlich die Handwerker im Haus gehatt. Ehr Leit, do is alles drunner un driwwer gang! Do hann ich middags nimmi es Brot in de Brotschublad gefunn un owends nimmi die Schlabbe unnerm Bett. Nä, des is noch wesentlich schlimmer wie de Weihnachts- odder de Pingschtbutz. Ä Glick, die Bierflasche im Keller hann ich noch gefunn, sunscht wär ich verdorscht und hett misse es Brot drucke esse.

Gottseidank sinn jo heit die Handwerker widder eher se krieje wie noch vor e paar Johr. Un de Friehsticksmäschder guckt a no, ob sei Leit sauweri Awet machen. „Ehrt Eure deutschen Meister, dann bannt Ihr gute Geister", so hat schun de Hans Sachs in de Meischdersinger vum Wagners Richard gesung. Ich hann mich dementsprechend a net lumbe geloß und hann de Meischder gebannt mit Woibrand, dem „Geist des Weines".

Frieher waren jo die Handwerker am meischde uff de Bää, weil se immer e großer Boo um die Awet gemach hann. Des is jetzt annerscht. Am Mondach frieh um siwwe hennse schun agefang se dabeziere. Um neune hennse dann die erscht Paus gemach. Saht doch der ä Gesell: „Mei Gott, die Woch zieht sich widder hie!" Ich hann dann denne ähne gefroht, ob er veheirat wär. Saht er: „Des net, awwer ich mach trotzdem alles, was mer meer saht." Ich bin jo gut mit denne Handwerker auskumm. Die änziche Schwierigkeite sinn vun meiner Fraa kumm, sie hat mit mer gescholl, weil ich immer bloß im Weg erumstehe deet. Wie se dann awwer noch saht: „Hall Dich emol am Bensel, ich brauch die Lääder", hat mers gestunk. Mer soll sich halt immer es bißje däbbisch stelle, do werd mer nix gehääß. De Debbisch hann ich misse nadierlich a klobbe. Saht se: „Awwer Liebling, Du musch kräfticher druffschlae!" Ich versteh des a widder net, do deets jo staawe.

Allo, wie mer dann no drei Daach fertich waren un widder e Iwwerblick gehat hann, hat mei Fraa doch eigesieh, daß ich jetzt Ruh needisch hett, sie hat gemäht, am beschde wär, wann ich widder schaffe ging. Am Schluß vun unsere Inspektion saht se: „Wie gefallt der dann jetzt mei neii Kisch?" „Ganz gut", mähn ich dann, „nor um Dei Hüfte erum isse der e bißje eng!"

Jetzt hann ich jo die Hoffnung, daß ich e paar Johr vor de Handwerker mei Ruh hann. Denn die drei Daach hemmer grad gelangt.

De Dings und die Dingsen

> *„Kommt mer uff de Gaß mal zamme*
> *un hat grad e bißche Zeit,*
> *bleibt mer stehn un babbelt gäre*
> *als mit seine Nochbersleit."*
> (Friedel Römer)

Was mähnen Ehr, weller Familienname es am meischde gebbt? Ehr tippen sicher uff Müller oder Meier. Mer kennts mähne, wammer es Telefonbuch noschlaht. Do stehen seitelang die Müller un Meier drinn. Awwer trotzdem, in Lautere häßen die meischde Leit annerscht, nämlich . . . Dings. Horchen doch emol de Gespräche zu, wann die Leit uff de Stroße minanner vezehlen. Wann zum Beispiel die Weibsleit nom Eikaafe am Retsche sinn, heert sichs so a: „Ei, hasche schun geheert, de . . . Dings hat gesaht, die . . . Dingsen deet widder heirate. Es war jo a Zeit, denn de . . . Dingsbums hat schun gemähnt, die krähscht kenner mäh." Un die anner hat dodruffhie gesaht: „Es is doch net se glaawe, was de . . . Dings do widder vezehlt hat. Ich hann glei gesaht, die . . . Dingsen heirat so schnell nimmi, die hat die Noos noch voll von ehrer erschde Eh mit em . . . wie hat er schnell gehäß . . . jo Du wääsch doch, de . . . Dings, wo immer so krumme Dinger gedreht hat." „Mer solls net glaawe, wie vegeßlich unseräner is. Wie hat er jetzt schnell gehäß, de . . . Dings halt, jo Du wääscht schun, wen ich mähn."

Die Mannsleit unnerhallen sich mäh iwer die Politik odder de Fußball. Des geht dann so: „Haschde geschdern die Bundesdaagsdebatt geheert? Der . . . Dings mit dem Zwicker hat ne mol die Mähnung gegeit, do issem . . . Dingsbums die Spuck eweggeblibb. Wann nor die Weiwer die Finger vun de Politik losse deete. Was doch die . . . Dingsen do gequasselt hat, geht uff kä Kuhhaut. Die soll ehrm Mann besser e warm Sippche koche, daß er net so ähdärmelich aussieht. Guck doch bloß emol, wie dem die Hosse schun am Leib bambele! Do is die . . . Dingsen schun e anneri Fraa. Des muß mer losse, ehr Mann, de . . . Dings kommt immer sauwer doher. Awwer de . . . Dings sieht doch aus, wie em Dood sei Derrfläschreisender, bloß weil die Alt, die . . . Dingsen vor lauter Politik kä Zeit mäh vor ne hat."

A im Fußball spielt de Dings e Hauptroll. „Wann der bleed . . . Dings net drei Meter frei vorm Door denewe gebolzt hett, wärs annerscht geloff. Awwer de . . . Dings stellten jo immer widder uff." „Saa des net. Wann de . . . Dings im Kopp hett, wassem in de Fieß fehlt, wär des de bescht Mann!" Gut, daß de Betze jetzt ausgebaut is. De . . . Dings hat gemähnt, des wär es schänschde Stadion vun de ganze Bundesliga. Waatsch emol, ob de . . . Dings net recht behalt."

Glaawen Ehr jetzt ball, daß de heifisch Name in Lautere „Dings" is? Ich mähns uff jede Fall.

Jahrgang 1920

„Leben was bist du? –
Vom Sehnen und Hoffen auf stilles Glück
bleibt leise eine Erinnerung zurück."
(Bellemer Heiner)

Ich hann e Grund, serickseblicke uff e ganz bestimmter Johrgang, der 65 worr is un amtlich in Rente gehe kann. Friehr hemmer als Buwe gesaht, des wär de „dabbisch Johrgang". Denn was meer schun alles erlewe gemißt hann, geht uff kä Kuhhaut. Awwer es war e guder Johrgang, des sieht mer an denne viele Prominente, wo 1920 gebor sinn: Agefang vun unserm Bundespräsident iwwer de Georg Leber, de Alfred Dregger, de Pabst usw. bis zum Walter Fritz. Ja, mer 20er henn alminanner Köppcher. Ich brauch bloß an mei friehere Klass se denke. Außer meer sinn se all was worr: Dokder, Professer, Chemiker, Schulmäschder, Bierverlecher, Staatsbeamte un lauter so Zeich. Mit annere Worte: Mer kennen uns sieje losse.

Ja, un was hat unser Johrgang schun alles mitgemacht! Des is schun bei de Geburt agang. Kaum waren die Vädder vum Kriech dehäm, hennse misse schnell fer Nachwuchs fer de negschde Kriech soje. Un des waren dann meer! Mit Muddermillich simmer großgezoh worr, weils noch kä Trockenmillich gebb hat, wo mer die Winnele bloß noch abstaawe muß. Drei Johr später sinn dann unser Eltere alminanner Millionäre worr, bloß henn mer Kinner nix devunn gemerkt. 1926 simmer dann in die Schul komm, fuffzich Buwe in äner Klass un nimmand hat protestiert. Dann isses uffs Gymnasium gang, wo mer Zeich gelernt hat, wo mer es lebdaag nimmi braucht.

1933 sinn dann die Geschichtsbicher ausgewechselt worr. Die wo vorher Helde waren, waren dann Strohmer, genau wie heit, bloß umgekehrt. Hauptfach war Wehrertüchtigung. Hauptuffsatzthema: „Und heute gehört uns Deutschland und morgen die ganze Welt." 1939 wars dann soweit, bloß war die ganz Welt geje uns. Weil mer dann fünf Johr die Rieb hiegehall hann, hemmer dann 1945 den „Dank des Vaterlandes" krieht. Mit rer Deck unnerm Arm simmer glicklich widder aus de Gefangenschaft hämkomm. Manche awwer nimmi. Ja, und dann, wie mer e Zweimeterfuffzich langer Frageboche ausgefüllt hatte, konnte mer endlich ins Berufslewe eisteie.

60 Stunn die Woch! 10 Daag Urlaub! 200 Mark de Monat! Na, mer hanns iwwerstann! Un heit simmer Rentner odder besser gesaht Renntiere. Halt, net allminanner missen jo mit 65 die Platt butze un uffhöre se schaffe, weil mer do ageblich e bißche stawwerich werre deet. Die Politiker derfen bis 95 bleiwe, die Dokder bis se sterwe. Komisch, daß die net a stawwerich werre? Awwer was solls? Uff jede Fall henns mer kläne Leit geschafft un sollen ageblich a unser Rente krieje bis mer abkratze.

Goldne Konfirmation

„'s letschte Wort uff doiner Lipp':
,Wo iss dann bloß die Zeit geblibb?'"
(Eugen Damm)

Gell, ehr simmer net bees, wann ich e bißche nostalgisch werr? Awwer ich hann a Alaß. Sicher henner in de Zeitung geles, daß in de Lauterer Kerche die goldene Konfermation gefeiert worr is. Ich war desjohr a debei. Mer kennt grad heile, wie alt mer is! Wammer iwwerleht, wie schnell die fuffzich Johr erumgang sinn. Ich mähn grad, es wär erscht geschdern geweßt, wie mer vom Parrhaus in die Apostelkerch geloff sinn, stolz wie die Spanier, daß mer jetzt als erwachse gelte, obwohl mer immer noch Lausbuwe waren und kä Männer. Bei de Mäd is des e bißche annerscht geweßt. Die waren grad wie heit noch de Buwe voraus. Ei, ich bin jo noch rot worr, wann mich e Mädche bloß ageguckt hat!

Ja, des war e wichtiger Daag, die Konfermation. Do hann ich nämlich die erschde lange Hosse kriegt un e schwarzer Wammes dezu un owwe in de Dasch hat ganz stolz e Pussierdichelche rausgeguckt. (Ich möcht wisse fer was). Fer e Krawatt war ich scheints noch so jung, ich hann misse e Schillerkrah trae.

So simmer dann ganz feierlich mit unsere neie Aziech un die Mäd mit ehre samtene Klädcher in die Kerch eigezoh, de Parrer hat e schäni Predich gehall, so daß die meischde von unsere Eltere geheilt hann, weil des doch fer ehr Kinner e neier Lewensabschnitt war. Mer Konfermande henn dann unser Konfermandeschei ausgehännicht kriegt mimme schäne Biwelspruch, denn ich bis heit noch net vergeß hann, weil er fer mei ganz Lewe Gültigkeit behall hat.

Iwrischens war acht Daag devor noch die Priefung. Do hemmer misse es Glaubensbekenntnis, zeh Kercheliéder und allerhand Psalme ausewennich lerne. Un hinne uff de Bänk henn die Agehöriche gespitzt, ob mer a unser Sach kenne.

Ja, no de Eisegnung is es hämgang zum Middagesse. Do hats Markklößchersupp gebb, dann Rindfläsch mit Meerrettich und schließlich Kotlett, Krummbeere un Rotkraut. Des war es Feschtesse! Annerscht wie heit, wo se glei in die Wertschaft gehen un e Menü mit 15 Gäng bestellt hann.

Nom Esse hat mer dann emol in aller Ruh sei Geschenke betracht: 17 Ballestöck vun de Nochberschaft, e nei Gesangbuch, fünf Bänd vum Schiller un zwä vom Goethe un e Buch iwwer de Hindeburg. Die Vewandte, die wo zum Kaffee eigelad waren, henn a noch e bißche was mitgebrung: sechs Daschedischer, e Geldbeitel, e Briefdasch un Manschetteknepp.

Jetzt hann ich bloß von sellemols vezehlt. Awwer von dere goldene Konfermation noch kä Wort velor. Un es war doch so schä, no soviel Johr alte Bekannte se treffe, die newer ähm die Schulbank gedrickt hann. Die Wege sinn ausenanner gang, des Lewe war fer kenner leicht in denne fuffzich Johr un allzu viel henn kenne nimmi komme, weil se entwedder gefall odder schun frieh gestorb waren. Mer kennt heile, wammer dra denkt! Awwer die wo do waren, henn sich gefräht wie e klä Kind.

Die Buwe sinn inzwische gestannene Mannsbilder, aus Lockekeppcher sinn Glatzkepp odder Groohooriche worr. Un die Mäd henn sich meischt a e bißche verännert, sie sinn e bißche mollicher worr und groe Hoor hennse meischt a. Wie hat änni zu mer gesaht: „Jetzt kannsche mer denne Kuß gewwe, wo de der sellemols net getraut hasch!" „Jo", hann ich gemähnt, „jetzt kann nix mäh bassiere!"

Goldene Konfermation. Mer werren alt un merkens net! Han ich recht?

Keine Zeit

„Un e bißche mehr Zeit un e bißche mehr Geld –
wie schää, o wie schää wär's dann uff der Welt."
(Lina Sommer)

Vun de „heutigen, schnellebigen" Zeit babbelt bal jeder zweite Festredner, ob des bei rer Eiweihung vumme Kinnergaade odder vumme hochwissenschaftliche Symposium is. „In dieser, unserer heutigen so schnellebigen Zeit würde ich meinen, daß es Zeit wäre . . .", so ugefähr redden se geschwolle un in de höchste Töne. Recht hennse jo, wann se vun de schnellebige Zeit sprechen. Ei, es hat doch werklich kä Deiwel mäh Zeit fer e vernünftich Gespräch mimme annere Mensch.

Vor Weihnachte – des jo alleweil schun vor Allerheiliche losgeht – sausen die Leit wie die vergiftete Affe durch die Stadt, siwwe Plastiktutte in de Händ. Un will'sche mol jemand aspreche, do häßts: „Ich hann kä Zeit jetzt, ich muß schnell noch wohie." Nor Hektik un Eil iweral, wo mer hieguckt.

Un im November, dem trauriche Monat, hann ich mer emol mei Gedanke gemacht iwer die Hektik, wo immer mäh um sich greift. Dobei denkt mer halt emol an die, wo nie Zeit gehat hann: Do is der Motorradfahrer, der wo bei Rot iwer die Ambel gerast is, odder der Autofahrer, wo in de Kurv schnell noch sei Vordermann iwerhole wollt. Sie leien jetzt newernanner mit Knoche- und Schädelbrich im Krankehaus – un henn jetzt uff ämol Zeit, ach henn die jetzt Zeit! Es hett awer a noch schlimmer komme kenne, daß se vielleicht drauß uffem Kerchhof leie deeten. Do hetten se dann noch mäh Zeit. Un, ehrlich, wieviel leien dann do drauß, wo „kä Zeit" gehatt hann?

Awer net bloß beim Stroßevekehr hennse kä Zeit mäh. De Chef hat kä Zeit mäh, fer sich emol mit seine Leit e paar Minudde so unnerhalle. Frieher is de Chef als jede Moje durch die Werkstatt geloff un hat sich erkunnicht, was em Sowieso sei Fraa macht, ob die Kinner a ordentlich gedeihe un ob er sei Rheuma jetzt los hett. Um Gottes Wille, mähnen Ehr, des geebs noch? Tempo, Tempo, häßt's bloß noch. Mach dabberche noch des, mach dabberche noch sell. Un was bringt die Hetz? Lesen emol die Zeitung: Herzinfarkt, Kreislaufzammebrüch am laufende Band. Ergebnis: Krankehaus – wann's noch emol gut gang is – odder drauß uffem Kahleberch . . . Do hennse all Zeit, die wo vorher kä Zeit gehat hann.

Ja so isses! Vielleicht gewen Ehr mer recht, wann er mei Zeile geles hann. Awer vielleicht henner a kä Zeit dezu gehat.

Moderne Musik

„Am Kobb geht alles, Ohre, Aage,
mer kann jo gar nit alles sage."
(Bellemer Heiner)

Jetz hat mer geles, daß mer in Europa des Johr 1985 noch
als „Jahr der Musik" verkünnicht hat. „Musik wird störend
oft empfunden, weil es mit Geräusch verbunden." So hat de
Wilhelm Busch emol gesaht. Awwer fer mich gebbts nix
Schänneres wie e schäni Musik. Allerdings iwwer des Wort
„schä" loßt sich streite. Was hann ich mich gefräht iwwer e
wunnerbares Konzert drowwe in de Uni, wo unser Lauterer
Südwestfunkorchester unser Studente begeistert hat. Do
waren unser Physikstudente im wahrsten Sinne des Wortes
emol richtiche „Geigerzähler". Knallvoll wars gewest, uff de
Treppe hennse sogar gehockt, weil kä Maus mäh in den große
Saal eneingang wär. Es gebt also noch genunk junge Leit, wo
de Mozart vor dere Rambazamba-Musik aus em Urwald be-
vorzugen. Net wie die zwä annere Buwe, wo gefroht worr
sinn, was se von Beethove halle. Saht doch der ä: „Die Musik
is Sch... awwer die Hoor!" Ich war emol imme Konzert,
wie am Schluß e Mädchen begeistert gesaht hat: „Sahn se
mol selbst, doch großartig, dieser Song of joy?" Wie ich dann
gesaht hann, des wär doch die 9. Symphonie vom Beethove
geweßt, mähnt se ganz drollich: „Ja, awwer a net schlecht!"

Iwwer die neimodisch Musik wollt ich mich a mol infor-
miere un bin in e Rockkonzert gang. Warum des Rockkon-
zert häßt, is mer net klar, weil die meischde Gardeschlauch-
hosse agehatt hann. Zuerst hann ich mer mol vorsichtshal-
wer Watt in die Ohre gestoppt. Des Geschehe uff de Biehn
war schun sehenswert. So e brauner Bomber hat als uff de
Trummel erumgeschlah, wie wanner enner dootschlae wollt.
Der mim Saxafon hat Tön vun sich gebb, wie wanner jede
Moment hops ging. Un de Drumbeter war an dem Daag
sicher häser. De Pianischt hat als mim Kopp gewackelt un

mit seine Froschschenkel geschlottert, wie wanner grad aus
em eiskalt Wasser erauskomm wär. Schrecklich is jo, wann e
Sängerin ehr Stimm veleert. Awwer noch schlimmer is, wann
ses net merkt. Do is kä Ton mäh erauskomm, bloß noch häßi
Luft un ehr Unnerkiefer hat erausgehenkt wie e Nach-
dischschublad.

Noch schänner war jo die Beobachtung vom Publikum.
Ans Peife is mer jo schun gewöht, awwer so spitze Schreie
gehen ähm schun durch Mark und Penning. Die henn als ge-
krisch, wie e Fraa, wann se e Maus sieht. Wannse uf de
Stiehl hie und her ritsche, kammer anatomisch noch vestehe,
bloß soll mer mit de Stiehl net schmeiße. Vum Sichelbacher
Zoo waren scheints a e paar do, dann laufend hat mer Dier-
stimme geheert wie „Wau-Wau" un „UUU-aaahh" un „Dada-
da". Mit me großartiche Finale war dann des Konzert erum.
Mer wars vorkomm, wie wann e Kicheschrank mit Gescherr
umfallt. Es lebe das „Jahr der Musik"!

Jugend von heute

„Die Junge sin total verdorb.
Vernunft un Anstand sin gestorb."
(Heinrich Kraus)

Wie ich geles hann, war des Johr 1985 des „Jahr der Ju-
gend". Mer henn jo schun mäh so Jahresmottos gehatt, wie das
„Jahr des Baumes", das „Jahr des Kindes", das „Jahr der Frau"
un so weiter . . . Ob's e Wert gehatt hat? Die Bääm gehen wei-
terhin kabutt, die Kinner vehungern weiterhin in de Welt un
seit dem „Jahr der Frau" henn mer Männer immer wenicher
se melle. Was werd jetzt mit dem „Jahr der Jugend" werre?

Nix geje unser Jugend. Sie is wie jedi Jugend seit Mensche-
gedenke ewe anerscht wie die vorhergehende Generation.
Die meischde sinn net besser un net schlechter wie meer als

waren. Mer henn a als Bleedsinn gemacht in de Schul un dehäm. Mer henn als Streichhölzer in die Klingele gesteckt un sinn dann abgehau. Awwer vor lauter Iwwermut hemmer doch nix kabuttgeschlah odder die Haiser veschmeert.

Mer geht's a net wie seller Fraa, wo gesaht hat: „Wie is doch die heitich Jugend so vedorb – mer mißt halt nochmol zwanzisch sei!" Odder wie selli Mudder zu ehrer Dochder gesaht hat: „Du kommsch mer grad recht, mit fuffzeh schun e feschder Freund, awer de 30. Geburtsdaag vun deiner Mudder vegesse."

Ich kammer net helfe, ab un zu geht mer halt doch de Hut hoch, wann ich in de Stadt die sieh, wo uffem Kopp in de Mitt griene odder bloe Hoor hann un außeerum blott, vielleicht noch e Ring durch die Noos. Awwer mer muß zugewwe, daß se des verrickt Zeich jo Daag fer Daag im Fernsehe sieje, wann die Kapelle un Sänger de Bauch verrenke un mit de Fieß zabbele wie beim Veitsdanz. Ich hann a kä Veständnis fer die, wo mähnen mit Droge deet die Welt annerscht aussieje, do wär mer „high". Vielleicht henn se recht. Fer die Rentevesicherung wär's schun gut, denn jung kabutt sparts Altersheim. Schä is jo a, wannse mit ehre „Ohreschitzer mit Musik" durch die Stadt laafe odder ehr Kofferradio schlenkere un mit uffgedrehter Lautstärke die letschde wach mache.

Die Sexualerziehung is jo heit in de Schul Hauptfach, wichticher wie Rechne un deitsch. Wie hat des Mädche gesaht? „De Sexualunnerricht in de Schul is e feini Sach, bloß mißt mer mäh Hausuffgawe krieje!"

Ja, so kennt mer noch viel iwwer unser heitiche Jugend schreiwe. Awwer wie ich schun eigangs gesaht hann, mer waren a net besser, awwer halt ganz annerscht. Mer Alte sollen vesuche, Veständnis fer unser Junge se hann. Awwer die Junge sollen a e klä bißche es Alter respektiere un Veständnis dovor hann, wann e Alter sich kerzlich uffgeregt hat, wie so zwä Lausbuwe im Krankehaus wörtlich zu zwä alte kranke Leitcher gesaht hann: „Guck emol do des Friedhofsgemies!" Ehr Leit, des is wohr! Ich mähn, was deeten dann die Babbsäck mache, wann des „Friedhofsgemies" net fuffzich Johr fer die geschafft hett?

Die Frisuren

„Un gäbs noch mit karierte Hoor,
do hett ich a noch Platz devor."
(Paul Münch)

Es is Fassenacht! Es Maskiere kennen sich die Leit jo spare, weil die jo heitzudaags immer so verrickt erumlaafe. Die Mode is jo alleweil immer närrisch. Ämol hennse Kläder a bis enunner uff de Borm, daß se die Gass mit kehre kennten, e anner mol sinn die Kläder so korz, daß de bis Amerika gucke kannsch.

Awwer am meischde Spaß mache mer alleweil jo die Frisure vun de Buwe und de Määd. Ach Gott, was mer do sieht! Des hat sich de Paul Münch bestimmt net trääme geloß, daß er mit seim Gedichtche recht hat: „Un gäbs noch mit karierte Hoor, do hett ich a noch Platz devor!" Was sinn heit schun karierte Hoor? Ei des fallt nimmi uff! Betrachte Eich doch emol die Kepp! Wie wannse in e Farbdibbe eneigefall wären. Newerum grie, in den Mitt rote Berschde als Hahnekämmcher oder e Glatzkopp un außerdem Stobbezieherlocke bis iwwer die Schultere. Des muß mer ne losse, Eifäll hennse jo! Es soll sogar schun Plastik-Hoor gewwe, die misse als geschweißt werre. Ich hammer sae geloß, die Buwe kämen aus de Punk-Szene. Ich wääß zwar net, was des ist, awwer denke derf mer sich doch sei Deel.

Awwer bei de Buwe is es jo noch harmlos gejeniwwer unsere Määd. Was mer do alles sieht! Die wollen jo dauernd e anneri Frisur. Manche siejen aus wie e Hinkel in de Mauser.

Es gebbt Frisure wie Hiet, annere henn Ähnlichkeit mit Feierwehrhelme odder wie des Zeltdach vum Olympia-Stadion. Ich glaab, wann die Fraue zum Friseur gehe, wissen se vorher net, wie se hinnerher erauskomme. So e Apparat werd elektronisch uff de Kopp gestilpt, dann werd e Video-Film uffgenumm, de Massik kommt dann uff e Bildschirm un de Compjuder duht dann irchend e gespeicherti Frisur eraussuche, wo uff denne Wersching baßt. Ja, ehr Leit, es gebbt heitzudaags alles! Vorbild vunn de Weibsleitt is jo die bekannt Fürstin Gloria in excelsis. Die hat, glaab ich, e eichener Friseur. Des wär de änzich Mann, wo Hand an se leje derf – außer em Fürst nadierlich. Der derf awwer nachts a net an se komme, schun ging die Frisur in de Äämer.

Allo, korz gesaht: Wann ich des alles so in Ruh betracht, krieh ich a e neii Frisur: Do stehn mer nämlich mei paar Hoor zu Berch!"

Die englische Hochzeit

„Dort spricht Gott: ‚Es ist nicht gut, wenn der Mann allein sein tut.'"
(Paul Münch)

Wann zwanzich Millione Leit Fernsehe geguckt hann, hann ich dürfe jo a net fehle: Die Hochzeit des Jahres! Un werklich, ich hanns net bereit, daß ich mer des ageguckt hann.

E werklich schäni Hochzich, do war meini Dreck degeje! Na, sie werd jo a e paar Pennig mäh gekoscht hann. Ei ich glab, die Schlepp an ehrm Klääd war deirer wie sellemols unser Middagesse. Was mich jo besonnersch gefräht hat, daß bei dere Hochzich die Palz so gut vertret war. Net nor, daß de Philp jo bekanntlich aus de Palz stammt – nämlich aus Battenberg do vorne, was bei de Englänner jetzt Mont Bätten hääßt – nä, bei dem Umzuch waren, wie mer gesieht hat, a fünf Landauer debei. (Des sinn die Scheese, wo se drinn gehockt hann.) Allo, ohne die hetten se vielleicht misse laafe.

Henn Ehr emol die Sarah genau betracht? Ei die hat doch geglieht vor Frääd. Kä Wunner, die Rothoorische sinn doch all so glierisch. De Andrew hat jo a gut ausgesieh in seiner schmucke Uniform. Daß der bei de Marine is, is mer klar, sei Sternbild is schließlich de Wassermann, während die Sarah e Waage ist, was bedeut, daß se es Ziechel fescht in de Hand hat.

Die eichentliche Trauung in de Kerch war jo a ganz feierlich. Schad, daß de Parrer englisch gesproch hat, sodaß ich die Hälft net mitkrieht hann. Die henn noch vealtete Sitte do driwwe in England! Do muß die Fraa noch die Versicherung abgewwe, ihm se gehorche. Do muß de Mann in de Eh dussmoo sei. Sie henn sich a „ewiche Treue und Liebe" geschwor. Do deeten bei uns die meischde Meineide geschwor werre, ohne daß se gerichtlich verfolgt werren.

„Erschöpft aber richtig high" soll de Andrew schon owends devor gesaht hann. Was hatt er dann do erscht am negschde Owend gesaht? Die Sarah hat jo a kaum waate kenne bis zur Hochzeitsnacht. „I will" hatt se doch schon vorm Altar gesaht. Die paar Stunn hettse doch noch kenne waate. Hoffentlich hennse Glick minannder.

Mim Heirate is jo net se spasse. Die Eh is jo schließlich wie der Ozean, auf dem sich zwei Schiffe treffen. Wie oft trefft mer do awwer e Schlachtschiff un mer wär froh, wammer sich mit ner Haferundfahrt begniecht hett.

Es ähnziche, was mich bei dere Agelechenheit ärjert, is, daß mer in Deitschland kä Könich odder e Könichin hann. Des wär doch was anneres, wann König Richard I. mit seiner Prinzessin Marianne in de Kutsch hocke deet und des Bonner Wachrechiment mit ehre uff Hochglanz bolierte Helme und Bruschtpanzer un gewichste Stiwwele uff de Gailcher reite deeten. Mer derf net dra denke, was uns Deitsche do entgeht!

Rationalisierung

„Oft unterhalten sich die Leit
vun dere gute, alte Zeit.
Un dobei is es doch gewiß,
daß manches heit viel besser is."
(Paul Münch)

Ich wäß jetzt a, warum alleweil so viel Leit veschnuppt sinn: Die stehen all im Zuge der Rationalisierung. In dem Punkt ist die Poscht ganz vorne. Die Woch hann ich e Brief krieht mit meiner Adreß, bloß war die Hausnummer vegeß. Prompt is der Brief serick mim Stembel „Zurück, da Adresse unvollständig". Baufdich! Ich muß zugewwe, daß ich erscht 16 Johr dort wohn. Ich stell mer jetzt vor, daß der Brief sicher an die Owwerposchtdirektion, Hauptabteilung Fundsachen, geschickt worr is, die hann dann sich vun Lautere es Adreß- buch schicke geloß un tatsächlich die Nummer 2 ergänzt. Des nennt mer rationalisierter Kunnedinscht! Mim Briefporto wollen se jo mit Recht 30 Penning uffschlae. Fer die Lager- gebühr vun drei Daag, wo der Brief im Kaschte geleh hat. Die Poscht is jo schun clever, die verdient heit mäh an Nachnahme wie an Vorname. Wann z. B. e Brief, der iwwer e Johr braucht, erhewen se Nachgebühr, weils Porto inzwische erhöht worr is. Bei de Automate vediene se jo werklich net viel. Letzscht hann ich gewunn. Ich hann e Mark eneigeschmiß un e 80- Penning-Mark is erauskumm. E Mark geht halt leichter se zähle, alles weje de Rationalisierung. Wie ich am Schalter gefroht hann, was e normaler Brief no Österreich koscht, saht mer der Beamte: „Ei genau soviel wie e verrickter!"

Die Bahn fangt jetzt jo a mit denne neimodische Ferz a. Fer Fahrkarte gebts jetzt a Automate. Erscht muß mer awwer am Schalter froe, ob der Zug iwerhaupt noch geht. Ich war do im Lauterdaal un fro uff de Bahn, wann de letzscht Zug no Lautere ging. Do saht mer der Eisebahner: „Mann, des kann noch Johre dauere!" Waren des noch Zeite, wo vorne an de Sperr noch die Kaate geknipst worr sinn, weil mer ohne

Loch hat kenne kenner fahre losse. Der Mann is jetzt a entbehrlich. De Eisebahndirektor hat mer gesaht, in de Weltgeschicht hets nor ä Mann gebb, der unentbehrlich geweßt wär. Der het Adam gehääß!

In meim Lauterer Vorort des Poschtamt hat bloß noch mojens vorm Wecke uff, dodefor machen se omends frieher Schluß. Alles weje de Rationalisierung. Bei de Telefonhaisscher is es umgekehrt wie bei de Wahl: Beim Telefon muß mer erscht bezahle und dann wähle . . . Ja, es muß halt gespart werre, es derf koschte, was es will. Selbst die Bauere missen rationalisiere. Zeigt doch e Bauer seine Hinkele e Strauße-Ei und saht: „Do gucken emol! Nemmen Eich e Beispiel!"

So e Zahndokder kennt jo a viel mäh rationalisiere, wanner alle Zäh glei uff ämol ziehe deet, statt johrelang am Gebiß erumsediffdele. A im Büro kennt noch mäh rationalisiert werre. Do hocken die Agestellte uff ehrm Stuhl erum und schreiwen sich die Finger wund. Die kennten doch schnell noch mimme Bensel, wo hinnenei gesteckt werd, die Lamberie streiche. Ja, so gebts unerschöpfliche Möglichkeite. Mer muß bloß Köppche hann!

Die Besserwisser

> *„Der isch arisch schlau un versteht soviel Tricks;*
> *bloß wannerse mache soll, kann er halt nix."*
> *(Heinrich Kraus)*

E jeder Mensch hat sei schwachi Seit. Selbstverständlich bin ich do kä Ausnahm. Zu rer gewisse Sort Mensche zähl ich mich allerdings net: Zu de Besserwisser. Frier hat mer in de Palz als gesaat: De liewe Gott wäß alles, awer die Schullehrer henn sich doch gebessert, sie behaupten nimmi, daß se alles besser wissten.

Die Besserwisser hocken jetzt in de Parlamente. Mer henn-se jo in Bonn zur Genieche kennegelernt. E jeder vun denne Volksvertreter mähnt, er wißt es besser wie de anner. Un in Werklichkeit wäß nämlich kenner ebbes. Wer recht hat, werd sich erscht später erausstelle, vielleicht erscht in e paar Johr. Un was werd bei dere Besserwisserei es Bloe vum Himmel vesproch!

Nadierlich wäß ich a, wer in de Politik nix vesprecht, braucht a nix se halle. Awer wie will mer schun ohne große Vesprechunge e Wahl gewinne? Wie saen doch unser Politiker als zu de Leit? Uns wär's noch nie so gut gang wie jetzt. Awer so saen a die Gäns vor Weihnachte! Es werd a immer widder de Abbau vun de Bürokratie vesproch. Awer soweit mer denne Lade kennt, fehlen zum Abbau der Bürokratie äfach die nötiche Beamte.

Iwrischens, Besserwisser gebt's a viel beim Sport. Horchen Eich emol die Stammdischgespräche odder die „Experten-gespräche" in de Fackelstrooß a! Do hett de Betze noch nie e Spiel velor, wannse mäh uff die Besserwisser horche deeten. Awer a die richtiche Experte, die Sportjournaliste, wissen immer alles besser. Die wissen freidaags genau, welli Mann-schaft am Samschdaag gewinnt un kennen dann am Mondaag genau sae, warum se velor hann.

Besser wissens oft a manche Kunstkritiker. Mer muß zwar kä Rindvieh sei, um se wisse wie Fläschbrieh schmeckt, awer manche Kunstkritik geht doch iwer die bekannt Hutschnur. So mähn ich halt, daß es uff dem Gebiet viel Eunuche gebbt, die zwar wisse, wie's geht, awer sie kennen's net mache. Deshalb soll mer do e bißche vorsichticher mit de Kritik sei. Ich denk do an e Kritik vun rer Palztheater-Uffführung. Es ganz Haus hat begeischdert geklatscht un gedoobt, bloß ähm hat's scheinbar net gefall. Des is zwar sei gutes Recht, awer es waren doch a kä fünfhunnert Rindviecher im Theater.

Ich mähn, nadierlich ganz unmaßgeblich, besser wisse is kä Kunscht, awer besser mache is viel schwerer!

Ausländer

„Un besser wär's uf jede Fall,
wann a die annre Völker all,
die Derke, Russe, Däne, Schwede,
scheen hibsch uf pälzisch babble däte."
(Paul Münch)

Auwauwauwauwau, hann ich die Daah e Hurrl gehatt mit meiner Fraa. Un warum? Bloß we rer Tass Kaffee. Wie ich hämkumm bin vun de Stadt, froht se mich, wo ich geweßt wär. „Ei in de Fackelstrooß e Tass Kaffee trinke!" „Un was hatt des widder gekoscht", mähnt se treiherzich wie immer. „Ei sibbzich Penning" hann ich geantwort. „Siehsche, un so schmeischt Du es Geld zum Fenschder enaus. Hesche noch dreißisch Penning druffgeleht, hesche kenne die ,Neue Heimat' kaafe.

Weil mer grad be de neie Heimat sinn. Kerzlich war doch bekanntlich die „Woche der ausländischen Mitbürger". Also des sinn die, wo Lautere jetzt ehr neie Heimat is. Ich wääß, daß des Thema e hääß Eise is, awwer wammer in unserer freiheitliche Demokratie iwwer alles frei redde derf, werd mer doch a emol des Thema aschneide dürfe. Ich glaab, daß iwwer fuffzich Natione in Lautere vetret sinn. Ei wammer durch die Stadt geht, muß mer sich bal wunnere, wann ehm noch enner versteht. Es wär doch äfacher, wann alle Auslänner ball pälzisch lerne deeten, des wär doch besser, wie wann unseräns fuffzich Sprache lerne mißt.

Schun kennts ehm passiere, wie sellem städtische Beamte, der wo e Mexikaner gefroht hat, wie er hääße deet. Der saht dann sei Name „Don Manuel de la Fuente de Mipray Aregon de los Sanchez e Peallas". „Okay" saht druff der Beamte, „sie sollen all erei kumme, awwer de letscht soll die Deer zumache!" E annerer Beamte froht e Zugereister, was er fer Schulbildung hett. Saht der: „Ich bin Analphabet!" „So, so, dann buchstabiere se mer des emol, bitte!"

Ich muß zugewwe, daß manche Auslänner schun ganz gut pälzisch kennen. Do kerzlich kummt e Chines zum Friseur erei. Froht de Friseur, ob er zu Besuch do wer. „Nä, zum Hoorschneide" war dem sei Antwort uff gut pälzisch. Ja, viel, hauptsächlich junge, kennen schon besser pälzisch wie türkisch odder portugiesisch. Die Ammi kammer jo nimmi als Auslänner bezeichne, die fiehlen sich bei uns schun so wie dehäm.

Grundsätzlich soll mer jo zu jedem Auslänner freundlich sei, sunscht sinn die ehm am End bees un gehen häm. Ich hann fer jeden e freundlich Wort. Zum Beispiel wann jemand niese muß, sah ich „Hatschi". Beim Chines sag ich dann „Hatschingtau", beime Englänner „Hätschie", beime Inder „Hatschmahal", beime Japaner „Hatschijama", beime Pole „Hatschikowski" un beime Russ „Hatschinowskaja".

Ja, mer muß halt Sprache kenne.

„Fer was hemmer die Krott gefreß?"

„Doch was batt's dann, wann mer brummt,
's bescht is, mer nemmt's, wie's kummt."
(Lina Sommer)

Es gebbt e altes Lautringer Sprichwort un des häßt: „Fer was hemmer jetzt die Krott gefreß?" Jetzt intressiert Eich bestimmt, wie der Spruch entstann is. Des war also folgendermaße: Zwä Buwe sinn iwwers Feld gang. Do hupst ne grad e Krott iwwer de Weg. Do saht de ä zum anner: „Wann Du do die Krott frescht, bezahl ich Deer e Kaschde Bier!" Gesaht, getan. De Hannes fangt die Krott un beißt fescht enei. Wie er so die Hälft enunnergeworgst hat, issem schlecht worr un er saht zu seim Kumbel: „Ich will Der emol was sae. Wann Du jetzt die anner Hälft frescht, brauchsche denne Kaschde Bier net se bezahle!" Allo gut, de Perer hat dann die anner Hälft mit Hänge un Würsche enunnergeschluckt. Wie des schließlich erum war, gucken die zwä sich a, schitteln de Kopp un saen: „Fer was hemmer dann jetzt die Krott gefreß?"

An denne typisch Lautringer Spruch muß ich als öfters denke. Zum Beispiel, wann ich an denne wochelange Streik denk. Des Hie un Her und Her und Hie. Kenner wollt nohgewwe, es ging jo schließlich um's Prestiesch. Wie se dann gemerkt hann, daß es so net geht, wann net alles die Bach enunner gehe sollt, hat jeder klä beigebb. Eraus komm is so gut wie nix, un des ganze war mehr odder wennischer fer die Katz. Un wann die zwä Kontrahente Pälzer geweßt wären, hetten se bestimmt gesaht: „Fer was hemmer jetzt die Krott gefreß?"

A beim Sport isses net viel annerscht. Vor Johre henn meer bei de Olympiade de Krumbel eninn gemach, dann henne die Russe noh gemach. Was kommt debei eraus? Daß mer allmählich denne schänschde sportliche Wettkampf abschreiwe kenne, solang die Politiker die Finger drinn hann. Un die missen sich jetzt sae losse: „Fer was hemmer jetzt die Krott gefreß?"

Vereinsmeier

*„Denn bei jeglichem Verein
tritt er gleich als Mitglied ein."*
(Paul Münch)

Heit will ich emol ebbes iwwer die „Meiere" vezehle. Es
gebbt jo mäh Meier wie Sand am Meer. Es gebbt mit ei, ey,
ai, ay und wäß de Deiwel was noch. Awwer von denne soll
net die Redd sei, a net von de viele „Kraftmeier", odder a
„Schlaumeier" wo's gebbt. Nä, heit hann ich mer emol mei
Gedanke gemacht iwwer die „Vereinsmeier". Des is e ganz
besonneri Art von Mensche, iwrischens net die schlechtechte!
Ei, was deeten mer dann mache, wann's die net gäb? Es sinn
die wahre Idealischte unserer Gesellschaft!

Was ist so e Vereinsmeier net alles? Der is Vegniechungs-
leiter im Sterweverein „Himmelwärts", is Ausschußmitglied
beim Obstbauverein „Made in Germany", Notewart im Ge-
sangverein „Hohes C", Kechelbuweobmann im Kechelclub
„Stolz vorbei" un im Tierheimausschuß des Tierschutzvereins
„Katzenfreundlich". Er is außerdem im Forschungsbeirat fer
Katalisatore im Automobilclub „Saubere Umwelt". Er is
nadierlich a beim Club der Kaktusfreunde. Do derf er awer
nor unrasiert in die Sitzung kumme. Selbstverständlich is er
als guter Chrischt a im „Ökumenisch-kathestantische Män-
nerwerk" tätig un als Fehldruckfachmann bei de Philade-
lischte un im Falschmünzerbeirat bei de Münzsammler. Beim
Poschtsportverein is er als Eilbote eigesetzt, un weil er e bißje
iwwer Hartleibichkeit klaht, is er a Mitglied bei de IG Druck
un Babier worr. Also, wie gesaht, so gebabbelt, des sinn die
„Vereinsmeier", wo's awwer gar net genunk devunn gebbt.

Wenicher begeischdert bin ich vun denne „Berufsvereins-
meier". Des sinn die, wo mäh ans Mees als an's Wohl vun de
Gesellschaft denken. Die hocken meschtens in de Uffsichtsrät
un den Vewaltungsrät. Die sitzen bei de Molkereigesellschaft,
um ehr Kees vosebringe, bei de Lebensmittelgenossen-

schafte un gewwen do ehr Senf dezu. Un iwweral glänzen se, obwohl se kä Schimmer hann. Es gebbt a, die henn glei zwä Pardeibischer, weil mer jo nie wäß, wie's kummt. Es gebbt a Speseritter, die denken mäh an ehr Spese als an den Verein. Siehner, des sinn fer mich negative Vereinsmeier. Leider gebbts die halt a.

Awwer gottseidank is die iwwerwiechend Zahl der Vereinsmeier echte Idealischte, die sich weje ehrm Verein odder ehrm Club es Hemm verreiße deeten. Vor denne: Hut ab!

Erfindungen

„Un wammer meent, mer wär gelehrt,
un ausgelernt un ausstudeert,
Schwupp! Werd schun widder was erfunn,
do hasch'de noch kä Dunscht devun.“
(Paul Münch)

Wie ich geles hann, is in Nürnberg e großi internationale Erfinder-Ausstellung. Also, ehrlich gesaht, im Erfinde bin ich kä so großi Kanon. Es änzische, was ich als erfind, sinn die Ausredde, wann ich omends e bißche spät hämkomm. Awwer sunsch is nix drinn bei meer.

Awwer sei Gedanke iwwer Erfindunge derf mer sich doch wohl noch mache? Wie ich geles hann, leien die Schwerpunkte der Erfindunge alleweil uff denne Gebiete der Energietechnik, des Verkehrs, des Umweltschutzes und der Gesundheit. Gewiß, des sinn schun Gebiete, wo mer bis heit noch net genunk erfunn hat.

Uff de Mond kenne se durchs Weltall mit dausend Sache, awwer daß es zum Beispiel Milchhäwwlcher gebbt, wo mer kä Placke mehr uffs frisch Dischduch macht, des henn'se noch net erfunn. Es gebbt jo a viel Leit, die – wie mer so saht – es Pulver net erfunn hann. Ei, ehrlich gesaht, die simmer liewer wie die, wo's Pulver erfunn hann. Ach, was ging's uns heit noch so gut un mer breicht net so in Angst se lewe, wann der Berthold Schwarz – so hat er glaab ich gehäß – es Pulver net erfunn hett.

Gewiß, er hat angeblich nix devor gekennt. Er hett äfach emol e Häbche genumm un so dorchenanner Zeich enei. Ursprünglich wollt er was anneres enei mache, awwer wie er genau geguckt hett, war's dann Pulwer worr. Des war des große Pech fer die Menschheit.

Es gebbt a Leit, die henn die Awet net erfunn. Awwer dem, wo die Awet erfunn hat, gehört heit noch e Denkmal gesetzt, so hoch, daß kenner dra kommt.

Die wichtigste Erfindung, wo noch se mache wär, so mähn ich halt, wär e Geldschisser. Do hett mer kä Soje un kä Not mäh. Mer kennten ne jo in drei verschiedene Größen erfinne. Meer deet e klänner schun lange. Die Stadt breicht e bißche größerer fer ehr Schulde se bezahle un die Regierung breicht änner mit Rieseformat. Awwer in dem Punkt simmer doch wahrscheinlich all ähnisch: Wär de Geldschisser erfunn, hett kenner mäh Soje: wedder ich, noch die Stadt, noch die Regierung.

Das Auto

Fer manche Leit, dess mußmer saa –
ich hall's fer blanker Hohn –
isses Audo Daa fer Daa
„'s Goldkalb der Nation!"
(Eugen Damm)

Ich glaab, in ähm Punkt simmer uns all äänich: Daß es Auto de Liebling vun uns Deitsche is. Sunscht deeten jo die Eisebahner net mim Auto durch die Geechend erumschnerre, obwohl se Freikaate hann. Am Auto werd jo heit mäh erumgewischelt wie dehäm in de Kich. Mißten die Leit so oft zum Dokder gehe wie zum TÜV, deeten se eher merke, wann ehr „Motor" kabutt is.

Awwer im Auto fiehlt mer sich frei, hat kerzlich e Menetscher vun so rer große Autofirma gesaht. Der hat bestimmt noch net sei Fraa newer sich sitze gehatt. Was die Fraue betrefft, die fahren neierdings jo noch viel wilder wie die Männer. Kerzlich saust änni durch die Stadt. E Schutzmann halt se a un saht: „Sinn Sie wahnsinnich, mit achzich durch die Stadt se fahre?" Mähnt se ganz unschullich: „Glaawen Se mers, Herr Wachtmeeschder, des is bloß de Hut, wo mich so alt macht!" Ja, so isses: Wann e Autofahrer die Herrschaft iwwer sei Waa verlor hat, hat sei Fraa sicher de Fiehrerschei gemacht.

Do hann ich geles: „1986 gab es 8948 Tote im Straßenverkehr". Was mähnener, was do los wär, wann des mimme Atomkraftwerk bassiert wär? Allää zwä Millione Ufäll im letschde Johr. Es is ball net se glaawe! Awwer sahn des emol so me Raser, der lacht Eich noch aus dezu. Mit 170 Sache sausen se Stoßstang an Stoßstang iwwer die Autobahn, worscht, ob Newwel odder Räh. Die wo in denne Rennwä sitze, sinn jo meischt vun Beruf Söhnchen. Odder hennse denne Karre vum Opa noch kaaf kriecht, daß er „e Adenke an mich hat".

Vor e paar Daach iss so e Autonarr in die Werkstatt kumm. Do frohten de Meeschder: „Sie henn jo in de letscht Woch gar kä Unfall gehatt. Waren Se krank?" Des war der, wo bei de Fahrpriefung gefroht worr is, was e Bremsweg wär. Saht er: „Des is die Streck zwische dem Aueblick, wo mer verschreckt un dem Moment, wo's kracht!"

Ja, ja, es liewe Auto! Es is heit es Wichtigschde in de Familie. Wann die Schwiermudder sterbt, is bei manche Leit net so schlimm wie e Kratzer am Auto.

In dem Sinn wünsch ich Eich trotzdem e gudi Fahrt. Bloß heeren uff se fahre, wanner Er Eier Auto dreifach siehn, die Ambel dobbelt un die Bolizei iwwerhaupt nimmi.

Abkürzungsfimmel

„An Abkürzunge war im Land
Friehr bloß ‚LmaA' bekannt.
Lies'scht heit die Zeitung – 's is en Fluch –,
Do brauchsch doch glatt e Wörterbuch."
(Helmut Metzger)

Heitzudaags geht nix schnell genunk. Zeit is Geld odder neideitsch ausgedrickt „Teim is Monee". So hat mer sich allmählich dra gewöhnt, daß bloß noch in Abkürzunge gesproch un geschribb werd.

In Abkürzunge spreche häßt, daß mer es Maul nimmi so oft uff- un zumache muß un somit die Zäh net so abnützt. Mit Abkürzunge schreiwe bedeit widder, daß des Mädche im Büro nimmi so oft die Schreibmaschinetaschde dricke muß, so daß se an ähm Brief bis zu hunnert Anschlä spart. Un des häßt was, wammer wäß, daß e gudi Schreibkraft höchstens vier- bis fünfhunnert Anschlä in de Minut zamme bringt. Es gebbt allerdings a Fraue, die henn noch viel mäh Anschlä im Kopp.

Wie gesaht, so gebabbelt. Wo's geht, werd abgekerzt. De Owerbojemäschder is heit de OB. OB häßt awwer a noch „ohne Befund". So kennen a leicht Vewechslunge vorkomme. De MdB is e Mitglied vum Bundesdaag, de MdL is Mitglied im Landdaag, demnach is de MdO e Mitglied vun de Ortskrankekass. PUV is net des, was ehr widder mähne, nä des is de Pensions-Unnerstitzungs-Verein. Do les ich grad, daß die KSK zusamme mit em RSC KL, em ADAC, em DRK KL un em DRK KL LK e Radrenne veranstaltet hot.

Jetzt iwerlejen Eich emol, wie umständlich des friehr war. Do hennse misse schreiwe: Die Kreissparkasse Kaiserslautern veranstaltete zusammen mit dem Radsportclub Kaiserslautern, dem Allgemeinen Deutschen Automobilclub, dem Deutschen Roten Kreuz Kaiserslautern und dem Deutschen Roten Kreuz Landkreis Kaiserslautern ein Radrennen. 27 Buchstawe langen heit gejeniwwer 160 friehr! Is des vielleicht kä Fortschritt?

Die Leit henn sichs friehr schwerer gemach als notwennich. Wie sahn se als so umständlich: „Guten Tag, wie geht es Dir?" Do kennt mer doch sae: GT WGD? Do wärs selwe gesaht. Do les ich grad: EUREKA statt SDI. Do wäß mer doch glei, was gemähnt is. EUREKA is sicher wider e neier Supermarkt un SDI is die nei Importwar' aus USA gejeniwwer dere SS 20 aus de UdSSR.

Odder gucken Eich emol die Lokalseit a, do is mer doch gleich im Bild, was heit los is: Die VHS hat e Vortrag iwwer die BAB, de BRH wannert no KL SB (Sichelbach) in de TP (Tierpark), die TuS trefft sich im SH (Sportheim), bei ACDJ sprecht e Hoher aus MZ, de CVJM sprecht iwwer die EWG un de DAF hat heit middag KK (Kaffeklatsch) bei TL (Tante Linche).

Ich muß jetzt uffheere, denn im FS beim SWF kommt WISO un aschließend des UEFA-Spiel. Mojens horch ich immer GUMO aus MZ, lt. IWZ um 7 Uhr, bevor das TV-Journal kommt. RTL, EPF un SAT kann ich mer noch net agucke, weil ich noch kä KA (Kabelanschluß) hann, awwer die BP werd' schun bal devor sorje, daß mei Familie bal' VA (viereckiche Aue) krieht. Do kammer bloß noch sae: LMA!

So DW (des wärs) FH (fer heit) un PX (Pleiwen Xund) bis ZNM (zum negschde mol).

Lebensmittel-Skandal

*„Nemmscht du e halwes Glas voll Wei
un leerscht als zwätt Hälft Wasser nei,
bischt strofbar, wie mer glaawe kannscht,
dann du hoscht glatt jetzt Wei gepanscht."*
(Helmut Metzger)

Gehts Eich a so wie meer? Mer wäß ball nimmi, was mer noch esse un trinke soll! Ei, des is kä Skandal mäh, des is schun e Sauerei, was alleweil so vor sich geht. Wie hat seller Mäschder zu seim Lehrbu gesaht, wie er Lewwerworscht gemacht hat? „Schorch, wann des erauskommt, was do enei-kommt, komme mer enei, daß mer nimmi erauskomme!" Daß Östrogen im Flääsch sei soll, hat mer a schun geles. Ich kammer vorstelle, daß wann zuviel vun dem Zeich drinn is, mit de Zeit die Männer Brüscht kriehn. Denne Emanze wärs jo nore recht, wann mer Männer dann die Kinner stille miß-ten. Mit de Flääschkichelcher, neierdings häßen die jetzt Hämburger, muß mer a vorsichtig sei, daß kä gehackter Molly drinn is.

Vun dere Geschicht mit denne faule Eier in de Nudele henner jo bestimmt a in de Zeitung geles un sogar mit Bilder druff. Mer isses ball schlecht worr un ich hann die Nudele fer de Sunndaagsbrote glei gestrich un Krummbeere geß. Es werd nimmi lang dauere, do werren aus de Makroni die kläne Hinkelcher erauskrawwele. Daß es Giftnudele gebbt, wääß ich aus meim Bekanntenkreis, des is also nix Neies. Eis kammer a kenns mäh esse, do wär jetzt Diäthilenglykolmonoäthyläther drinn. Ei denne Name kammer kaum ausspreche, viel wenicher esse.

Mit de Fisch musche a Glick hann, daß se net vegift sinn. Was do alleweil im Meer erumschwimmt, is alles nor net abbeditlich. Kerzlich hann ich nome Fischesse so aarisch Bauchweh krieht. Bei meiner Reklamation saht mer doch die Verkäuferin: „Sie henn doch denne Fisch vum Sonderagebot hoffentlich net geß?"

Mit de Trinkerei isses jo ball noch schlimmer. Selbst im Wasser wär Blei drinn, deshalb leiht mer des als so schwer im Ma'. Net ums Verrecke trink ich noch e Schobbe Wasser, do is mer e Liter Bier liewer, die hallen noch was vum Reinheitsgebot. De Wei is jo e Kapittel fer sich.

E aldi Geschicht is jo, wie der Winzer am Sterwebett zu seim Sohn gesaht hat: „Bu, mer kann a aus Trauwe Wei mache!" Die neischt Sort Wei is jo vollkomme trauwefrei. Bei bestimmte Wei-Sorte sollen jo die Koppwehtablette glei mitgeliwwert werre. Ä Vorteil hat jo des Gefrierschutzmittel im Wei: Er halt sich im Winter besser. Mei Wei hann ich jetzt aus em Keller erausgeholt un in die Garaasch gedah. Uffem Etikett steht dann: 1985er Methylaminoldinethylphenolfodimedil Mercedes Auslese.

Ja, was soll mer noch zu dem Thema sae? Es änzische, wo mer noch ohne Bedenke esse kann, sinn die Löcher im Schweizerkäs, vorausgesetzt, daß do net a vepeschtete Luft drinn is.

Spionage

*Seit die Menschheit exischtiert
werd schun immer spioniert!
Des iss un bleibt kä Änzelfall –
Schpione lauern iwwerall!*
(Eugen Damm)

Es Hauptthema in de letschde Zeit is jo die Spionasch.
Ei, mer kann jo nimmand mä traue! Obwohl, des Thema is
jo net nei. Spionasch is – außer dem anner – es ältscht Ge-
werbe von de Welt. Des glaawen Ehr net? Ei de Adam un
die Eva henn schon spioniert, wo de liewe Gott denne be-
kannte Abbelbaam hiegeplanzt hat. Sie henn solang im Para-
dies erumspioniert, bis se ne gefunn hann. Un die Eva, nei-
gierich wie die Weibsleit sinn, hat beim Adam spioniert, was
er so alles annerscht hat wie sie, obwohl se des jo hett kenne
uff Ahieb sieje. De Adam hat jo a sicher kä Geheimnis draus
gemach.

Ja, un so isses in de ganz Weltgeschicht schun zugang mit
dere Spionasch. Die alde Römer henn in de Palz spioniert,
ob mer a aus Trauwe Woi mache kann, de Columbus hat
spioniert, ob's a in Amerika Amis gebbt, un de Blicher hat
spioniert, wo er mit seine Truppe am beschde iwwer de Rhoi
käm unsoweiter unsofort.

Ei die Spionasch geht bis ins heisliche Lewe. Moi Fraa
spioniert als in meiner Briefdasch, ob kä Liewesbrief vum
letschde Kurschatte drinn is odder gewisse Delefonnummere
aus de Zeidung. Net seletscht spioniert se als im Geldbeutel,
ob ich die fuffzich Penning Sunndagsgeld schun sinnlos ve-
praßt hann.

Awwer die Spionasch is net so schlimm wie die, wo in
Bonn uff de Dagesordnung steht. In dem Vefassungsschutz-
amt muß es jo zugehe wie imme Harem. Jeder wäß, daß er
an die Reih kummt, awwer er wäß bloß noch net wann. Ich
finn jo des ganze Amt unneedich. Was die erauskriejen, wis-
sen die Russe sowieso schun längscht. In dem Saftlade hett

misse die Axt im Haus de Zimmermann ersetze.

E Kapittel fer sich sinn die Sekretärinne. E aldi Geschicht is jo, daß die Sekretärinne vun ehrm Chef oft mä wissen wie die eije Fraa, un sie wissen a meischt von ehrm Chef, wo er alles leije un stehe hat. Ich versteh sowieso net, daß wenigschdens in denne Minischderie die Sekretärinne net durch Audomade ersetzt werren. Die deeten uff kenne Fall iwwerlaafe, un es Kaffeekoche kennt mer ne a beibringe. Noch afällicher wie Sekretärinne sinn jo die Butzfraue. Die siejen doch am beschde, was alles unner de Debbich gekehrt werd.

Siehner, des sinn halt so die Gedanke, die sich e Normalbürcher iwwer des Thema Spionasch macht. Awwer des wollen jo die Hohe in Bonn net wisse, obwohl se laufend von Bürchernähe quasseln.

Weihnachten steht vor der Tür

„Un mer, mer feiern regulär
jetzt's Weihnachtsfescht – als ob nix wär!"
(Helmut Metzger)

Henner Eier Chrischkinncher schun all kaaf? Es werd nämlich hegschde Zeit! Die Kerze un es Lametta sollen jo schun ball all sei. Un mim Chrischbäämche werds a widder wie jedes Johr Theater gewwe. Des is es änziche mol im Johr, wo ich mit meiner Fraa Krach krieh. Do gebbt mer sich Mieh, e schä Bäämche hämsebringe – un was is de Dank? E frech Maul krieht mer agehank! Ämol is des Bäämche so korz, dann so lang un es negschde mol so deier. Kannsch grad mache, wie de willsch, sie wääß immer was se meckere. Ich hann schun emol so e Wut krieht, daß ich des Bäämche grad es Fenschder enausgeschmiß hann. Ich hann gesaht: „Ei, machen Eich grad selwer enner, am beschde lossener Eich enner backe!"

Awwer net bloß die Kaaferei vun dem Bäämche is so e Sach, nä, des Theater geht dann dehäm weiter beim Baamschmücke. Vorsjohr war die Spitz abgebroch un do muß mer nadierlich e neii kaafe. Als wann's net emol ohne e Spitz ging. Drei Kuchele waren beim Staubsauche erunnergefall, ausgerechnet die beschde. „Am Weihnachtsbaum die Lichter brennen" hemmer gesung. Do hann awwer schun emol net bloß die Lichter gebrennt, nä, des ganz Bäämche hat in helle Flamme gestann. Wie dann die Feierwehr kumm is, hann ich zu denne Männer gesaht: „Soll ich Eich Licht mache odder siehner so?" Das sinn dann so die uffrechende Momente am Heiliche Omend.

Ach war des frieher so schä, wie mer Kinner uffs Chrischkinnche gewaat hann. Do hats geklingelt un mer is in die gut Stubb gesterzt, hat sich iwwer jedi Klännichkeit gefrät wie e Schneekeenich. Nom Chrischbämmche gucken die heit gar nimmi, bloß noch nome neie Compjuter. Wie ich do so e Klenner gefroht hann, ob er mer was Immergrienes nenne kennt, sahter doch: „Ei Tiefkühlspinat!" So gehts ähm heit.

Weihnachte is jo e schäni Sach. Die meischde Leit henn jo zwische Weihnachte un Neijohr Urlaub. Besser wär jo noch, wann zwische Neijohr un Weihnachte Urlaub wär.

So, jetzt langts emol widder. Ich hann net viel Zeit alleweil, weil ich de ganze Daag es Guts suche muß, wo mei Fraa vesteckelt hat, daß es bis Weihnachte net all is.

Kunnedienscht werd großgeschribb

„Saa mer nore net, in Lautre
weer kää Funke Poesie!
Nää, ich wääß devun zu plaudre,
aach in Lautre find mer die!"
(Ernst Kiefer)

Was bleibt mer anneres iwrich, als mer a mei Gedanke se mache iwer des große Lauterer Fescht, wo vun unsere klewere Geschäftsleit uffgezoh werd und heit nimmi wegsedenke is.

Ja, ja, die Geschäftsleit missen sich heitzudags schun Gedanke mache, wie se am beschde iwer die Runde komme. Es gebt genunk, wo vorne an de Deer stehen un waaten. Grad kerzlich hann ich mimme Geschäftsmann gesproch, der mer vezehlt hat, im letschte Johr wär bei ihm noch net ä änzischer Pennig hänge geblibb. Do sa' ich zu'm: „Ei, do geeb ich doch das Geschäft uff!" Sa't der: „Vun was soll ich dann lewe?"

Awer zurück zur Barbarossawoch. Ich wohn imme Lauterer Stadtdeel. Do hann ich jo genau nor finf Minudde mim Auto in die Midde Stadt, awer zwä Stunn braucht mer, bis mer e Parkplatz gefunn hat.

Wie ich dann schließlich drowwe am Linnehof e Parkplatz ergattert hann, bin ich die letschte Kilometer in die Stadt zu Fuß. Sportlich muß mer jo alleweil in Lautere sei. Ich hann misse minischtens iwer zwanzisch Gräwe hubse, wo se die Stroße un 's Trottwa uffgeriss hann. Scheinbar loßt die Stadtverwaltung no Essich un Öl bohre. De OB hat gemähnt, wann se kä Öl finne deeten, wär sowieso alles Essich.

Na, ich bin dann schließlich doch in die Fackelstroß komm. Allo, die Geschäftsleit henn sich widder redlich Mieh gebb, um de Kunne was se biete. Bloß vesteh ich äns net, daß die Banke net a Summerschlußverkauf mache. Ei des wär doch beliebt bei de Leit. Die zwä Lauterer Sparkasse wissen doch sowieso schun bal nimmi, wie se sich gejeseitig de Rang ablaafe kenne. Un wie leicht wär doch do so e Schlußvekauf se mache. Zum Beispiel äfach so Zwanzicher mit kläne Mängel fer acht odder zeh Mark vekaafe. Odder Hunnerder mit Schönheitsfehler! Was mähnener, wie do die Kaufkraft steie deet! Des deeten die Geschäftsleit spiere. Awer uff die Gedanke kummen jo die Borsch net.

Besonners schä is es jo alleweil, wammer bei summerliche Temberature durch die Stadt geht. Ach, die Mini-Röckcher wecken äm die letschtde Lebensgeischder. Schad, daß mer so frieh uff die Welt komm is. Wammer frieher mit de Hand dort war, wo mer heit hiegucke kann, hat mers geschafft gehat. Un wammer dann zugucke muß, wie sich Midde uff de Stroß so junge Pärcher gern hann, kennt mer direkt neidisch werre. Ja, früh liebt sich, wer ein Meister werden will.

Ich wäß net, ob 's stimmt, awwer in de Innestadt wären jo die Miete so furchtbar deier. Wann do emol änner die Miet pünktlich bezahle deet, wär sofort die Bolizei do un deet sich erkunniche, woher die des Geld hetten.

Ich bin nadierlich a in e paar Geschäfte enei, ich hann sozusage Marktforschung getribb. Kunnedediensicht werd in Lautere ganz groß geschribb, des konnt ich glei feschtschtelle.

Wie nett die Verkäuferinne zu de Leit sin, is unvorstellbar! Sa't doch änni zu meiner Fraa: „Das ist der schönste Tag in meinem Leben. Ich hätte mir nie träumen lassen, daß ich einmal Lolobrigitta persönlich bedienen darf." Is des vielleicht kä Kunnedienscht?

Imme Parfümgeschäft is mers ähnlich gang. Ich wollt fer mei Fraa e Libbestift kaafe, sa't doch die hübsch Bedienung: „Selbstverständlich steh' ich Ihnen zum Ausprobieren der Kußfestigkeit gern zur Verfügung!" Ich kann Eich nor immer widder sa'e, in Lautere is der Kunde net bloß König, do is er Kaiser!

A psychologisch odder wie des neimodisch Kram häßt, is die Lauterer Geschäftswelt uffem Debbisch. Saht doch so e raffinierter Vekäufer zu meiner Fraa: „Darf ich Ihnen mal ein schönes, neues Haushaltsgerät zeige, das sich Ihre Nachbarin nicht leisten kann?" – Mei Madam hat's kaaf, des glawen Ehr doch.

Selbst die Abbodeker sinn so freundlich zu de Leit, obwohl's dort fascht alles uff Krankeschei gebbt. Froht grad so e jungi Fraa de Abbodeker, ob se die Pille von de Steier absetze kennt. „Ja", sa't der, „awwer nor, wann se se vegeß hann!" Schloofmiddel gebt's jo nimmi uff Krankeschei. Do hat mich de Abbodeker höflich ans negschde Fernsehgeschäft verwiss.

Ach, stunnelang kennt ich noch iwer mei Erlebnisse vun de Barbarossawoch berichte, awer die negschte Barbarossawoche kommt bestimmt! Schun allä deshalb, weil se so schä is!

𝕻𝖋𝖆𝖑𝖟 reprints im

Reinhold
Gondrom
Verlag
Kaiserslautern

**Bücher
für
Pfälzer**

Reinhold Gondrom Verlag Postfach 2780 6750 Kaiserslautern

Geschenkbände für Pfälzer

Gerhard Bungert
graad selääds
72 Seiten, illustriert
attraktiver Geschenkband
DM 18,--

Willi Niedermeier
Pfälzer Trachten –
Bilder aus 4 Jahrhunderten
124 Seiten, über 181 Abbildungen
attraktiver Geschenkband
DM 48,–

Kaiserslauterer   Ausgabe

Hans-Georg Baßler: **Hobelspäne** – Notizen aus der Pfalz
112 Seiten, DM 12,80

Eugen Damm: **De Schoggelgaul,** 80 Seiten, DM 12,80

Eugen Damm: **Germanias Nawwel,** 80 Seiten, DM 12,80

Eugen Damm: **Moi Nachtdischlamp,** 116 Seiten, DM 12,80

Eugen Damm: **De Pälzer ehr Dreifaltichkäät . . . ,**
ca. 112 Seiten, ca. DM 12,80

Gert Friderich: **An nächtlichen Ufern** – Lieder
40 Seiten mit Zeichnungen, DM 9,80

Karl Schumacher: **»Uff gut pälzisch«**
Lauter Lauterer Geschichten
64 Seiten, z. Zt. vergriffen

Karl Schumacher: **Noch mehr »Uff gut pälzisch«**
Weitere Lauterer Geschichten
112 Seiten, DM 12,80

**Reinhold
Gondrom
Verlag
Kaiserslautern**   zu beziehen durch
jede Buchhandlung

**Bücher
für
Pfälzer**

Reinhold Gondrom Verlag   Postfach 2780   6750 Kaiserslautern